Ali Amine IOUNES

L'ESSENCE DE L'EXISTENCE

Ali Amine IOUNES

L'ESSENCE DE L'EXISTENCE

Le coeur voit avant les yeux

Éditions Vie

Imprint

Cover image: www.ingimage.com

Publisher:
Éditions Vie
is a trademark of
Dodo Books Indian Ocean Ltd. and OmniScriptum S.R.L publishing group

120 High Road, East Finchley, London, N2 9ED, United Kingdom
Str. Armeneasca 28/1, office 1, Chisinau MD-2012, Republic of Moldova, Europe
Printed at: see last page
ISBN: 978-613-9-59607-2

∞

L'Essence de l'Existence

« La réussite de la justice en soi c'est uniquement lorsque vos actes sont en accord avec vos paroles et pensées le reste n'est qu'illusion de la réalité »
Auteur du livre

∞

L'Essence de l'Existence

Préambule

La vie ! l'interprétation de la vie représente la durée d'existence d'un être vivant sur terre de sa naissance à sa mort, la durée de vie est un critère important pour mesurer la qualité de vie d'une société et l'évolution de mortalité de ses individus, cela conditionne dès la naissance l'individu et l'enchaine systématiquement à la société dont il appartient. Dès son jeune âge l'individu commence à être éduqué et domestiqué pour porter sa responsabilité collective envers la communauté et les standards traditionnels, culturels et religieux préétablies par les anciens et cultivés par générations. Cette perceptive nous amène a examiné le rôle de la société dans l'évolution existentielle de l'individu, car la société symbole de sécurité et de protection de ses membres, doit veiller à l'évolution naturelle de l'individu puis contribuer à exprimer son plein potentiel. C'est de cette façon que l'état social, peut atteindre un niveau de progression significatif dans tous les domaines. Cela nous amène à revenir sur un questionnement fondamental, au-delà du rôle sociétal ! *Être conforme à son rôle social est-il vraiment l'essence de ce vécu ? Cela fait de nous des êtres authentiques ou factices ? Quel est notre rôle propre dans cette vie ? Quel est le sens que la vie nous a attribué ?*

La vie est naturellement faite pour être vécue et appréciée, subir la vie d'une façon ou d'une autre, est un signe d'un dysfonctionnement existentiel. L'humain est un être exceptionnel par nature, pas uniquement sur terre mais dans l'univers dans sa globalité, malgré le peu de connaissance que la science d'aujourd'hui a pu atteindre, en particulier sur la d'immensité de l'univers et ses mystères, cela laisse entendre que l'humain est un être unique. Cette vie existante, dans cette d'immensité semblant infinie, où la vie ailleurs jusqu'à présent semble

∞

inexistante est un message clair et puissant de l'univers : VOUS ETES EXCEPTIONNEL !

Vivre la vie d'une manière médiocre et sans valeurs est une trahison à son existence universelle, la vie est un voyage mystérieux, un voyage où nous sommes censés trouver le sens, chaque individu est censé trouver le sens que l'univers lui a attribué, vivre par imitation est une erreur, un gâchis universel. Ce voyage à la fois physique que métaphysique commence avant tout par la connaissance de soi, ce que Jung appelle l'expérience du *Soi* ou le processus de l'individuation.

Le processus d'individuation est un voyage à l'intérieur de soi, qui mène l'individu à la rencontre de sa véritable nature, de plonger à l'intérieur de l'*Âme* pour rencontrer son être entier et authentique. Un voyage qui nécessite un grand courage et une forte détermination, un voyage qui nous incite à dépasser la surface et de plonger dans les profondeurs de notre être, pour extraire tout son essence.

Au-delà des normes de conformité sociétale et collective, le processus d'individuation est un long chemin, qui nous permet de cheminer vers sa propre voie, sa propre nature. Dans cet ouvrage, nous allons essayer de donner un aperçu détaillé, sur ce cheminement exceptionnel et unique à toute personne, qui ne peut être qu'expérimenté car aucune compréhension intellectuelle ne peut l'appréhender dans son intégrité sans devoir l'expérimenter.

Cet ouvrage est basé sur un ensemble d'études des réalisations des deux pères fondateurs de la psychologie des profondeurs (psychanalyse) *Sigmund Freud* et *Carl Gustav Yung,* ainsi que sur la relation de l'individu avec son monde intérieur, extérieur et l'au-delà. Cet extrait est l'essence de ces réalisations, formulées d'une façon complète et homogène.

L'auteur se distingue par cette quête inlassable de la vérité, sa volonté d'explorer les profondeurs de l'existence, d'aller au bout de la racine, à remettre en question les normes sociétales et croyances conventionnelles, ceci l'a fréquemment opposé à son entourage et à la société d'une façon générale. Malgré la forte opposition rencontrée, une voix intérieure ne cessez de lui révéler la justice de ses actions et de la perception de la réalité, la conviction d'être un esprit brillant, percutant et innovant ne l'a jamais quitté.

Sa personnalité complexe, secrète et solitaire projette une aura de mystère et de questionnement, cette double dimension de mystère et de solitude était perceptible même par le monde extérieur, créant ainsi une sorte de méfiance et de réticence, cette tendance naturelle à l'analyse profonde et à la réflexion constante, l'a tout le temps éloigné de la société. Cette solitude totale lui était un allié vital poussant constamment la réflexion à des niveaux supérieurs, centrée sur des cycles de remise en question existentielle, à la fois dans la compréhension du monde intérieur, extérieur et de l'au-delà. Dans cette quête de sens, en partageant ses pensées avec le monde qui l'entoure, pour apaiser la tension, ainsi en exposant les situations, conflits, dilemmes et problématiques, il s'est rapidement rendu compte, que personne ne comprenait le sens, qu'il était totalement isolé, seul face à lui-même. Il ressentait d'un côté que la société constituait un obstacle majeur à sa pensée créatrice, il se distinguait par cette quête inlassable de la vérité. Aucun proche, bien aimé, ami ou médecin spécialisé n'a pu apporter de valeur, de soutien, de solution, d'explication, personne ne pouvait comprendre : Les discutions étaient identiques, les réflexions similaires et les interprétations superficiellement simplistes…ce qui accentuait davantage la tension, la panique et l'isolement…des mentalités clonées d'une manière épouvantable !

Les prescriptions et traitements médicaux agissent comme des substances chimiques débouchant inévitablement sur l'addiction et la dépendance à vie, entrainant les sujets à des états de conscience conventionnels, atténuant la tension et obligeant la conscience à lâcher prise sur la guérissant en acceptant le traitement comme étant un élément indissociable de la vie, comme l'air, l'eau, la nutrition et le sommeil. Toute crise psychologique est un cri de l'*Âme* pour éveiller la conscience à adopter un comportement identique à sa propre nature, elle rappelle tout simplement à se positionner à l'endroit où elle est censée être, à être considéré à sa juste valeur. Cet ouvrage est dédié aux esprits éveillés, aux âmes authentiques, aux âmes perdues, aux personnes en quête de sens, en quête de vérité, aux professionnels de la santé mentale et du bien-être psychologique. Cet ouvrage reste toutefois déconseillé pour ceux qui n'ont pas des acquis de base sur la psychologie des profondeurs ou des connaissances sur la conception métaphysique de l'être humain ! Ce guide est un instrument puissant d'éveil spirituel, une invitation à entreprendre un voyage qui vous amènera à explorer des chemins cachés et des couches profondes de votre être, pour une connaissance de soi et d'élévation spirituelle afin de vivre l'ascension.

Le plus important pour un savant n'est pas seulement de chercher et trouver la vérité mais de la proclamer.

Présentation :

Le processus d'individuation est un long parcours qui peut prendre toute une vie, ce cheminement unique à chaque personne a pour but de briser les barrages entre le conscient et l'inconscient et d'entamer le dialogue entre les deux contenus, en intégrant ainsi des zones de plus en plus éloignées de la conscience, plus profondes et obscures. Il est important de garder à l'esprit qu'une fois les portes inconscientes sont ouvertes, et que le chemin est engagé consciemment ou inconsciemment, l'individu ne pourra avoir de choix que d'avancer ou de succomber.

Le dialogue de l'inconscient et le conscient est un dialogue de longue haleine, il passe par plusieurs cycles de communication et de négociation entre le *Moi* et le *Soi* : le *Moi* représente le pole conscient, le *Soi* le pole inconscient. A noter que le pole conscient ne représente chez l'individu en moyenne que 3% à 7% de la psyché, la partie inconsciente englobe le bloc le plus important et le plus mystérieux. Enregistre tout et stock tous les évènements de l'être, depuis que le souffle de vie lui a été insufflé (depuis qu'il était fétus et bien avant).

∞

Représentation symbolique des deux sphères consciente et inconsciente de la psyché

Le processus d'individuation a pour finalité d'élargir la conscience en intégrant les parties inconscientes à la conscience et les assimiler. Au-delà des différents cycles de communication et de négociation, cela nécessite inévitablement des confrontations ardentes et cruelles entre les différents aspects du *Soi* inconscients et le *Moi* conscient, qui peuvent amener ce dernier à un état d'agonie permanant, voir sa mort, pour une renaissance existentielle inestimable.

L'objectif majeur de tout à chacun et de comprendre sa raison d'être, sa mission de vie, c'est l'entreprise la plus élevée qu'un individu peut entreprendre.

Décomposition de la psyché selon Sigmund Freud et Carl Jung :

L'analyse freudienne et jungienne sont deux analyses complémentaires, malgré que beaucoup pensent le contraire. Freud bien avant Jung, avait abordé le sujet de l'inconscient et de son influence dominante sur la conscience humaine, sauf que son analyse est jugée relativement superficielle à l'analyse de Jung, qui lui est allé plus loin dans les profondeurs de l'inconscient et de ses contenus. A noter également que l'inconscient peut être encore plus profond et plus mystérieux que ce que Freud et Jung ont réussi à extraire.

Analyse freudienne :

Freud a décomposé la psyché (conscient + inconscient), en trois grandes sphères le *Moi*, le *Surmoi* et le *Ça*

Le Moi : Ancré totalement dans la conscience, représente le principe de la réalité le garant de la stabilité de la relation intérieur et extérieur, et le seul moyen de contact avec le monde extérieur.
Le Surmoi : Ancré partiellement dans la conscience avec des racines inconsciente, son rôle est de protéger, interdire et punir, une fois adulte, il remplace le rôle des parents dans la vie sociale.
Le Ça : Entité à part entière de l'inconscient, représente le principe du plaisir et des instincts les plus profonds. C'est le pôle pulsionnel de la personnalité, la partie la plus chaotique et la plus obscure. C'est entièrement le domaine de l'instinctif, du biologique qui ne connaît ni règles de temps ou d'espace, ni interdits. Totalement inconscient, il est régi et dirige par le seul principe du plaisir.

Le *Moi* agit entre le *Ça* et le *Surmoi*, son rôle est de réaliser l'harmonie entre deux instances opposées, entre l'instance de la rationalité et la logique le *Surmoi* souvent formé et construit au fil des années sur la base de l'éducation parentale et religieuse, et le *Ça* l'instance des instincts, des pulsions et du plaisir.

Le *Surmoi* se constitue initialement par l'indentification des valeurs et normes morales et ethniques des parents, le *Moi* doit agir en transformant les pulsions et désirs en forme plus acceptable par le *Surmoi,* cette tache devient difficile si le *Ça* a guidé et dominé les actions du *Moi* au cours de l'enfance et l'adolescence, à l'âge adulte le *Moi* trouvera de grandes difficultés à satisfaire les exigences du *Surmoi* qui au fil des années a grandi inaperçu dans l'*Ombre.*

Une éducation laxiste produira des *Surmoi* sévères à l'âge adulte, car pour compenser le manque d'une loi structurante le *Surmoi* se durcit. Conduisant à un affrontement brutal entre le *Ça* qui a pris l'habitude à agir selon sa guise et le *Surmoi* nourri au fil du temps et assez mature pour s'imposer. Ce qui conduit à des souffrances directes du *Moi,* qui sera confronté à la fois, à combler les besoins pulsionnels du *Ça* et satisfaire les exigences du Surmoi. Sa mission la plus dure sera de transformer les pulsions et désirs en forme plus acceptables par le *Surmoi* et la société dont il appartient.

De ce fait, les choses les plus contradictoires peuvent y exister et cohabiter :

- Dans les névroses, le *Moi,* arbitre, prend le parti du *Surmoi* pour combattre les pulsions du *Ça,* en contrôlant ou interdisant tout plaisir. Le *névrosé est conscient de sa maladie.*

- Dans les psychoses, le *Moi* prend au contraire le parti du *Ça* pour détruire la réalité du *Surmoi.* Il le remplacera par une néo-réalité qui est le délire. Ce délire sera bâti sur les exigences du *Ça. Le psychotique n'est pas conscient de sa maladie.*

Pour les névroses, l'agressivité du *Ça* a été progressivement transformée par le *Moi* en *Surmoi.* L'origine de l'agressivité est pulsionnelle. Elle est la résultante d'un mécanisme de défense du *Moi*, elle est liée par la libido pour la préservation du *Moi* (sexualité, reproduction, défense du territoire, emprise sur le monde, affirmation de soi...), elle est sublimée, déplacée. Elle contribue à la formation du *Surmoi.* Avant l'Œdipe, l'agressivité s'exprimait à travers la projection, le clivage... Après l'Œdipe elle sera sublimée et s'exprimera en partie sous le contrôle du *Surmoi.*

L'angoisse est liée à la pulsion : Un excès de tension crée une surcharge d'énergie qui ne peut se libérer et provoque l'angoisse. L'angoisse est secondaire à la non-utilisation de l'énergie, l'angoisse est le résultat d'un conflit entre le *Ça* et le *Surmoi*, le *Ça* et le *Moi* ou le *Surmoi* et le *Moi.* C'est le *Moi* qui vit l'angoisse, comme un signal d'alarme émit par lui face à un désir incompatible, l'angoisse a une fonction d'autoconservation. Or l'équilibre psychique résulte de l'harmonie entre les trois instances du *Ça,* du *Moi* et du *Surmoi,* ainsi qu'entre les deux pôles, le conscient et l'inconscient. Comme Freud disait ce n'est pas la conscience morale qui engendre le renoncement aux pulsions, c'est le renoncement aux pulsions qui produit la conscience morale, et la renforce. Plus la conscience morale est renforcée plus les exigences du *Surmoi* sont amplifiés, plus les pulsions du *Ça* sont intolérées et rejetées. Cette confrontation conduit souvent à une division intérieure, produisant des conflits de nature psychique. Le *Moi* ne réussira pas à trouver un compromis, à résoudre le conflit par lui-même, entrainera le déclanchement de dysfonctionnements psychologiques.

La maladie est un cri de l'âme qui attend d'être entendu et replacé dans son juste contexte, le *Moi* doit impérativement intervenir comme régulateur de l'harmonie pour maintenir l'ordre dans sa psyché. C'est le *Surmoi* qui s'occupe de refouler les désirs et les pulsions dans l'inconscient en contrant le *Ça*. Il a donc un rôle protecteur de l'équilibre psychique. En contrepartie, ses exigences peuvent être très grandes, ce qui peut provoquer des conflits avec les deux autres instances. S'il est trop fort, le *Surmoi* peut générer un fort sentiment de culpabilité et de dépréciation de soi.

- Les défenses du *Moi* soutiennent la vie psychique, quand elles s'effondrent il y aura possibilité de dépression.

- Les personnalités à fort idéal du *Moi,* seront plus dépressives. Ces personnes n'arrivent pas à faire le deuil d'une image trop idéalisée du Moi.

Pour expliquer l'ensemble des processus mentaux, Sigmund Freud en viendra à rajouter *l'idéal du Moi* (modèle de référence très investi narcissiquement, que la personne espère égaler). Il pourra alors décrire les principaux phénomènes psychiques en termes de conflits. La deuxième topique révèle mieux la façon dont le sujet se construit, et se perçoit. Dans l'ambivalence par exemple, il y a un conflit créé par la dualité pulsionnelle à l'intérieur d'un même système : le *Ça*. L'Œdipe est un conflit qui oppose le *Ça* et le *Surmoi*. La sublimation quant à elle permet à la fois la satisfaction du *Moi* et la satisfaction des revendications pulsionnelles du *Ça*...La sublimation est un mécanisme concernant des activités intellectuelles, artistiques ou religieuses. Une conversion de ces pulsions dans un but non sexuel qui revalorise le sujet, transformer des désirs et pulsions non satisfaits et non acceptables en activités constructives de nature intellectuelles, sportives ou sociales. La sublimation ne se fait pas sous la pression du *Surmoi* mais de l'ordre de *l'idéal du Moi*. Il n'y a pas de culpabilité mais plutôt du narcissisme. Pour l'étude du narcissisme, Freud introduit l'existence d'une instance, garante de la satisfaction narcissique, provenant de l'idéal du Moi, observant sans cesse le Moi actuel et le mesurant à l'idéal.

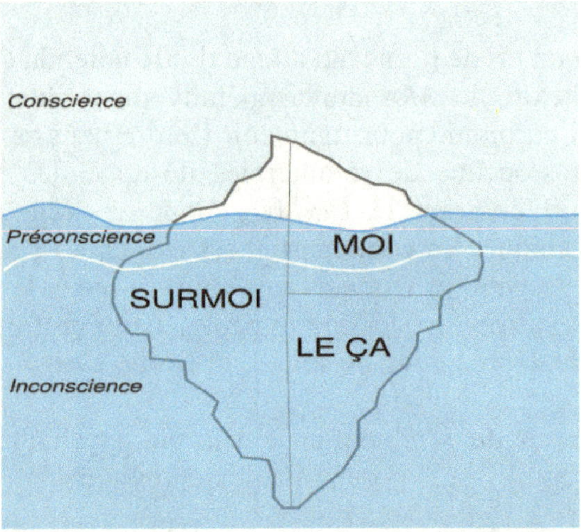

Représentation symbolique du Moi, Surmoi et Ça dans la psyché

Le *Ça* guidé par la pulsion du plaisir est contrôlé par le *Surmoi* qui est assimilé par les interdis parentaux, refoulant les désirs du *Ça*, les gardant soigneusement dans l'inconscient. Le *Moi* pour sa part s'efforce de trouver le juste milieu entre le *Ça*, *le Surmoi* et la réalité extérieur, a cette vision, Jung rajoute la notion du *Soi* qui implique des aspirations d'un autre niveau, le bassin de l'inconscient s'enrichit avec d'autres éléments.

∞

Émergence de l'idéal du Moi

C'est un modèle auquel le sujet cherche à se conformer, résultat de l'identification aux parents idéalisés. *L'idéal du Moi* est une instance qui accompagne le processus de socialisation, tout au long de la formation de la personnalité. C'est aussi le substitut de la toute-puissance de l'enfant (de "*je peux tout*" à "*je voudrais tout pouvoir*") pour la construction de son *Moi*. Le *Moi* se compare et se construit par rapport à un idéal, à une référence permettant au sujet de se dépasser. Cet idéal personnel se forme progressivement au cours de l'enfance par identification aux personnes proches (souvent les parents) aimées et admirées. C'est le *Moi* qu'on se construit dans le stade du miroir, celui qui relève de l'imaginaire.

Le rôle du Surmoi dans les mécanismes de défense

Les mécanismes de défense sont des processus élaborés par le *Moi* sous la pression du *Surmoi* et de la réalité extérieure, permettent de lutter contre l'angoisse. Ces mécanismes psychiques préservent le *Moi* et le protègent aussi des exigences pulsionnelles du *Ça*. Mais ce dont le *Moi* se protège en priorité, c'est de l'angoisse.
Par exemple, une représentation inconsciente va être incompatible avec les exigences du *Surmoi*, cette représentation inconsciente du *Ça* apporte du plaisir mais provoque aussi du déplaisir. Le *Moi*, pour se défendre contre cette représentation, va utiliser divers procédés que l'on réunit sous le terme de mécanismes de défenses.

Les mécanismes de défenses :

Les mécanismes de défenses sont des moyens inconscients utilisés pour soulager l'anxiété générée par les conflits du *Ça* et du *Surmoi,* le *Moi* tentera de minimiser la tension, en utilisant des mécanismes de défense, c'est-à-dire des moyens d'empêcher l'angoisse d'atteindre la conscience et de se protéger de cette anxiété de sorte que l'on puisse maintenir notre estime de soi.

∞

Mécanismes de défense psychotiques

1- **Le clivage :** c'est le premier mécanisme de défense psychotique, ou primaire. Le clivage concerne soit l'Objet, soit le Moi. Dans le clivage, l'Objet est séparé en 2 parties, bonnes ou mauvaises, ayant des destins indépendants (bon et mauvais Objet). Exemple : vivre selon la réalité et la nier complètement, une partie du Moi reconnaissant la réalité et une autre partie du Moi la niant. Dans le clivage, on préserve le bon Objet du mauvais Objet, pour éviter la contamination. Le clivage du Moi préserve la bonne partie de soi liée à la libido, de la mauvaise partie de soi, liée à la pulsion de mort (l'ambivalence est le mécanisme qui remplace le clivage dans la névrose, car le clivage est uniquement d'ordre psychotique).

2- **La projection :** c'est une opération psychique qui permet au sujet de localiser à l'extérieur ce qui se situe en fait à l'intérieur de lui. Il attribue donc à une autre personne les affects dont il ne peut se protéger et qu'il refuse de reconnaître en lui-même. La projection existe aussi comme mécanisme névrotique, mais avec une localisation à l'extérieur moins vitale plus consciente, tandis que la projection psychotique est plus massive, systématique, comme dans la paranoïa dont elle constitue le principal mécanisme, utilisé de façon délirante. Attribuer à autrui un trait de caractère négatif qui nous appartient. Un homme met beaucoup d'effort à rencontrer son âme sœur sans succès pensent que les autres ont des standards élevés alors que lui aussi auraient des standards bien spécifiques. Laura raconte à son amie qu'elle a refusé de sortir avec un homme parce qu'il est pauvre, Laura trouve son amie méprisante parce qu'elle aurait agi de la même façon.

3- **L'introjection :** opération psychique qui permet au sujet de localiser à l'intérieur ce qui se situe en fait à l'extérieur. La tendance naturelle est d'introjecter les bons Objets à l'intérieur de soi pour fortifier son Moi. La dépression mélancolique est un contre-exemple puisque l'Objet perdu, détérioré par l'agressivité du sujet est introjecté. L'introjection est l'équivalent psychique de l'incorporation, le sujet faisant passer fantasmatiquement du dehors au dedans les Objets extérieurs et les qualités inhérentes à ces Objets. C'est un mécanisme psychotique utilisé quelquefois par le névrosé.

4- **L'idéalisation :** le bon Objet devient parfait, idéal, afin d'être préservé du mauvais Objet. C'est un mécanisme très psychotique employé aussi bien dans la schizophrénie que dans la paranoïa. L'idéalisation permet de protéger le bon Objet des pulsions destructrices en amplifiant ses qualités exagérément.

5- **Le mépris de l'Objet :** l'Objet est déprécié, anéanti pour se préserver de l'angoisse résultant de la perte éventuelle de cet Objet. C'est une défense maniaque (exemple : quitter la personne qu'on aime pour éviter d'être quitté).

6- **Le triomphe :** l'Objet n'a aucune valeur en lui-même. C'est l'attitude toute-puissante du sujet sur l'Objet. Contrôle omnipotent de l'Objet. S'assimile au mépris de l'Objet.

7- **L'identification projective :** une partie de la personnalité du sujet s'introduit fantasmatiquement dans le Moi de l'Objet pour le contrôler, lui nuire ou chercher des satisfactions qu'il suppose y être. Cette partie appartient toujours au sujet (exemple : l'identification à l'agresseur).

8- **L'identification introjective :** une partie de la personnalité d'un autre s'introduit dans le sujet pour le contrôler, lui nuire ou chercher des satisfactions. Cette partie de la personnalité de l'autre reste une partie vivante de l'autre.

9- **La régression :** perte des acquisitions antérieures pour retrouver un système de relation au monde extérieur plus archaïque. Fait de revenir à un stade de comportement typique antérieur pour se protéger d'une réalité désagréable. L'arrivé d'un nouveau-né qui retient l'attention de la famille, l'enfant de 5 ans revient à sucer son pouce comme quand il était le centre d'attention. Depuis la naissance de sa petit sœur Albert a recommencé de faire pipi dans son lit. Un adulte boude quand ses amis ne répondent pas à ses demandes.

10- **Le déni de la réalité :** le sujet nie une partie de la réalité qui lui apporterait de l'angoisse. Se protéger d'une réalité menaçante le sujet nie son existence. Le premier réflexe en période de deuil. Non il n'est pas mort ce n'est pas vrai. Même si elle lui a fait clairement savoir qu'elle ne voulait plus de lui, il continue de l'appeler comme s'ils se fréquentaient toujours.

11- **La forclusion :** voix, idées, visions, odeurs... que le sujet ne reconnaît pas de lui et qui reviennent du dehors pour s'imposer à lui sous forme d'hallucinations. Dans la psychose, ce n'est pas le sujet qui se parle, mais l'autre qui lui parle de l'extérieur.

Mécanismes de défense névrotiques

1- **Le refoulement :** c'est un mécanisme majeur lié à la culpabilité et qui contribue à tous les autres mécanismes de défense. C'est aussi le plus complexe. Il est constitutif de l'inconscient comme domaine séparé du reste du psychisme. C'est par le refoulement que certains contenus inconscients ne parviennent jamais à la conscience, et que d'autres y retournent. Le refoulement est donc à la fois une pression/censure et un maintien. Le refoulement fait retourner à l'inconscient des représentations liées à des pulsions et risquent de provoquer du déplaisir à l'égard du Surmoi et de la réalité extérieure. Ce n'est jamais la pulsion qui est refoulée, mais sa représentation (la pulsion a deux aspects : l'affect et la représentation). L'émotion (l'affect) n'est jamais refoulée. La représentation refoulée de la pulsion séjourne dans l'inconscient et va s'y organiser. Elle va ainsi effectuer un travail de déformation et d'éloignement. Elle va former des rejetons qui subiront chacun un destin particulier. La charge affective, ou affect, va se lier à l'un de ces rejetons et va tenter à nouveau d'émerger, et ce sera le retour du refoulé qui s'exprimera dans les rêves, les actes manqués, etc. Il faut considérer le refoulement comme une étape première. Le produit refoulé (nos représentations mentales inavouables) se déverse dans le Ça.

2- **La formation réactionnelle :** c'est une attitude qui s'oppose à un désir refoulé et qui se constitue en réaction contre celui-ci. C'est donc d'abord un refoulement, puis un contre-investissement dans un élément conscient de force égale. Par exemple un adolescent est conscient de son agressivité, mais pas de sa tendresse. Il est aussi conscient de sa pudeur, mais pas de son exhibitionnisme. Il transforme ainsi quelque chose d'inacceptable en quelque chose d'acceptable (tendresse vis à vis d'un petit frère en réaction à la jalousie agressive refoulée). Autre exemple, la personne qui passe son temps à tout nettoyer, ne peut tolérer la saleté, et réagit en réaction à son désir anal, ce qui lui permet de toucher la saleté tout en respectant son Surmoi et les exigences extérieures. La formation réactionnelle concerne essentiellement la pulsion anale et ses dérivés (conformisme, propreté, honnêteté...) pour justement lutter contre (la saleté, l'avarice, le désordre...). Quelquefois, il y a émergence du refoulé. Dans la névrose obsessionnelle, ce mécanisme est typique, caricatural, inapproprié, pathologique. La formation réactionnelle peut être utilisée par tout le monde mais de façon adaptée, ponctuelle.

3- **L'isolation :** ce mécanisme consiste à isoler une pensée ou un comportement de son affect, de son contexte affectif. La représentation est reconnue mais ne touche pas le sujet (Ne pas supporter par exemple le massacre des bébés phoques, et y penser sans arrêt, de façon obsédante).

4- **Le déplacement :** l'affect associé à une représentation mentale dangereuse se détache de celle-ci pour s'investir sur une autre représentation moins dangereuse afin de se défouler. Félix a raté un tir au but facile furieux il frappe avec son hockey la vitre et engueule un spectateur…Max n'a pas eu sa promotion au boulot est depuis il fait la tête chez lui à la maison.

5- **L'annulation rétroactive :** faire en sorte que des pensées, des gestes ou des paroles ne soient pas advenues et pour cela il y a utilisation d'une nouvelle pensée ou d'un nouveau comportement ayant une signification autre ou supposée autre.

6- **Le retournement sur soi :** processus par lequel la pulsion remplace un Objet extérieur indépendant par le sujet lui-même. La charge affective reste inchangée mais se retourne sur le sujet. L'affect est reconnu puis retourné sur la personne. Par exemple le sadisme se retourne vers soi et est appelé masochisme. Cela concerne principalement la pulsion agressive. Notons que dans l'introjection, c'est une qualité extérieure que

∞

l'on place en soi, tandis que dans ce mécanisme de retournement sur soi, l'énergie pulsionnelle appartient déjà au sujet mais au lieu de s'extérioriser, elle est retournée vers lui. Cela s'observe par exemple dans le suicide, ou dans l'auto-agressivité.

7- **Le renversement de la pulsion en son contraire :** le but (et non l'objet) de la pulsion se transforme en son contraire, principalement dans le passage de l'activité à la passivité. Par exemple l'agressivité vis à vis de quelqu'un qu'on a aimé, ce qui est une façon de se détacher de la personne.

8- **La rationalisation :** procédé par lequel le sujet cherche à donner une explication cohérente, logique, moralement acceptable, un sentiment dont il ne perçoit pas les véritables motifs. Cela permet d'expliquer un fonctionnement ou un comportement autrement qu'en recourant à l'affectif, autorisant ainsi une satisfaction pulsionnelle culpabilisante. Le Surmoi cherche des appuis moraux, politiques ou religieux pour renforcer les défenses du Moi. On parle aussi d'intellectualisation, dont le but est de maîtriser en mettant à distance les affects. C'est jouer avec les mots et les idées pour mettre de côté les pulsions.

9- **La dénégation :** procédé par lequel le sujet exprime un désir, une pensée, un sentiment jusqu'ici refoulé tout en se défendant, en niant qu'il lui appartienne. "*je vais vous dire ce que je ne suis pas*" (c'est en fait ce que je suis). On présente son être sur le mode de n'être pas.

10- **La sublimation :** mécanisme concernant des activités intellectuelles, artistiques ou religieuses. La sublimation porte sur les pulsions partielles libidinales qui ne parviennent pas à s'intégrer dans la forme définitive de la génitalité. Il n'y a pas de refoulement mais une conversion de ses pulsions dans un but pour revaloriser le sujet. La sublimation ne se fait pas sous la pression du Surmoi mais est de l'ordre de l'idéal du Moi. Il n'y a pas de culpabilité mais plutôt du narcissisme. La sublimation dévie les pulsions sexuelles vers un Objet socialement valorisé. Un enfant agressif catalyse son énergie pour devenir un grand joueur de hockey. Marie écrit des romans policiers et fait assassiner toutes les personnes qu'elle souhaite faire disparaitre de sa vie. Quelqu'un qui aime faire souffrir les autres devient chirurgien…

11- **L'inhibition** : évitement d'une situation qui révèle en nous des pulsions pénibles.

L'inconscient :

Le conscient accède à l'inconscient comme les organes des sens accèdent à la réalité extérieure. Il y a eu constitution d'un "*grenier*" où sont engrangées toutes les informations vécues. L'individu peut faire appel à un moment précis à ces vécus. Ces faits sont dits "*refoulés*", le refoulement est un mécanisme de défense. Tout ce qui est refoulé devient inconscient mais l'inconscient n'est pas constitué que de cela. Il y a aussi des contenus innés qui ne sont jamais passés par la conscience ce qu'on appelle ***l'inconscient collectif,*** en y reviendra ultérieurement. L'inconscient communique avec un langage différent de celui de la conscience, il communique entre autres via les rêves, les rêves sont souvent des messages de l'inconscient pour attirer l'attention de la conscience sur certains points sensibles.

L'inconscient n'obéit à aucune rationalité consciente, il agit selon une loi propre à lui, basé essentiellement sur son propre vécu, il pioche dans son immense contenu d'informations, de sentiments et ressentis vécus quand cela lui semble important. Il a également accès à une carence de l'avenir lui permettant de prévenir le danger ou des moments de perturbation concernant directement la vie de l'individu. L'inconscient mémorise et stock en permanence toute la vie de l'individu depuis son existence, avec ses moindres petits détails, rien ne lui échappe où se perd. Le refoulement est un filtre incité par le *Surmoi* et opéré par le *Moi,* il sert à échapper à l'angoisse, il est le substitut d'une satisfaction pulsionnelle qui n'a pas eu lieu. Ce qui aurait dû être plaisir devient déplaisir.

+ ***L'inconscient se compose de deux dimensions, l'inconscient personnel et l'inconscient collectif :***

L'inconscient personnel : Relatif à la vie personnelle de l'individu étroitement liée à son expérience personnelle face au monde intérieur et extérieur, il est parfaitement identique et propre à tout à chacun, constitue l'intimité personnelle de la vie psychique.

L'inconscient collectif : Une couche plus profonde qui ne provient pas d'expériences ou d'acquisitions personnelles, mais qui est innée, héritée, universelle, transmise de génération à génération. Cet inconscient a des contenus et des modes de comportement qui sont les mêmes partout et chez tous les individus. En d'autres termes, il est identique à lui-même chez tous les hommes et constitue un fondement psychique universel de nature supra-personnelle présent en chacun. Jung explique avoir choisi le terme "collectif" pour souligner le caractère universel de cette couche profonde de l'inconscient (exemple le bébé qui suce le téton de sa mère, le chien qui lève sa patte pour uriner, le cheval qui commence à marcher dès ses premières minutes, l'oiseau qui fait son nid spontanément...). Alors que les contenus de l'inconscient personnel constituent l'intimité personnelle de la vie psychique…les contenus de l'inconscient collectif sont les "*Archétypes*".

Analyse jungienne :

L'instance de l'inconscient collectif est une notion mise en avant par le médecin psychiatre suisse, Carl Jung pionnier incontournable de la psychologie des profondeurs. Jung dans sa réflexion psychanalytique de l'inconscient et de la psyché est aller beaucoup plus loin que

l'analyse freudienne, qui est d'un point de vu analytique, reste relativement superficielle à l'analyse jungienne.
L'analyse jungienne est plus au moins complémentaire à l'analyse freudienne, malgré certaines divergences de points de vue, les deux conceptions restent complémentaires et non opposées. Freud dans son analyse explique que l'individu est dans un état de soumission face à son inconscient et n'a absolument aucun contrôle dessus. Jung par contre, révèle un langage et une communication avec l'inconscient, l'individu est poussé à comprendre ses besoins, désirs et messages, dont le but d'intégrer ses parties inconscientes à la conscience afin de devenir une meilleure personne, ou plutôt la meilleure version de soi-même. Une unité autonome et indivisible, une totalité. Ce qui l'a appelé dans son livre l'homme à la découverte de son âme : le Processus d'Individuation.

Le processus d'individuation se déclenche généralement au cours d'une phase critique de la vie, d'un conflit qui parait insoluble. Sur le plan psychologique, le déclenchement du processus d'individuation coïncide généralement avec certaines épreuves, comme un deuil, un divorce, ou une rupture affective, il découle aussi d'un problème de santé traumatisant ou d'un échec professionnel.

L'individuation constitue donc un processus naturel de croissance à l'intérieur duquel le *Moi* joue un rôle secondaire, car il doit simplement s'ajuster à la volonté du *Soi* (représentation symbolique de l'inconscient), et laisse agir la nature en lui. L'individuation impose donc sa loi, ou le *Moi* est d'une part, un acteur majeur fort et autonome pour sa propre réalisation et d'autre part condamner à la puissance dominante du *Soi*.

Je dirais ici que la résistance de l'âme cesse, lorsque nous pouvons renoncer à être centrés sur le *Moi,* et que le *Soi* nous recueille dans sa plus vaste amplitude, où nous sommes entiers (unis), et du fait de notre relative totalité, proche de la totalité absolue, c'est-à-dire la Divinité. La majorité pense que Dieu nous regarde d'en haut mais en réalité Dieu nous regarde de l'intérieur, car Dieu est en nous. Souvent c'est le Soi qui pousse le Moi vers ce processus et pas l'inverse. La visée du *Soi* est la totalité, l'unicité.

Chaque crise est un cri de la nature de la nécessite au changement, d'essayer de nouvelles façons, de tester de nouvelles méthodes, d'emprunter de nouveaux chemins. Dans le chapitre qui va suivre, nous allons vous emmener dans un voyage irréversible, un voyage hors du commun, à la rencontre de soi-même, à la rencontre de l'unicité.

Processus d'individuation :

Le processus d'individuation est une communication entre le Moi (conscient) et le Soi (inconscient). Pour atteindre le centre, le point de basculement, le *Moi* doit impérativement et inévitablement brisé plusieurs barrières et passer plusieurs barrages qui lui barrent le chemin, ces barrières ne sont que des représentations du *Soi,* que le *Moi* doit comprendre, accepter et intégrer à la conscience. Plus le *Moi* chemine dans son processus plus les puits de l'inconscient sont profonds et obscures.

Le cheminement passe via 5 grandes phases principales :

Élargissement de la conscience => Plusieurs contenus inconscients deviennent conscients
Passer de la Persona au Moi => Briser le masque social, être plus identique à sa propre nature
Apprivoiser son l'Ombre => Perte de l'influence de l'inconscient sur la conscience
Intégrer l'Anima/Animus => Laisser circuler l'énergie opposé au sexe, librement dans l'esprit de l'individu
Harmoniser les contraires => Un être uni, uniforme et complet en parfaite harmonie avec son monde intérieur et extérieur et plus proche de la totalité

CONCEPTION DE LA PSYCHÉ

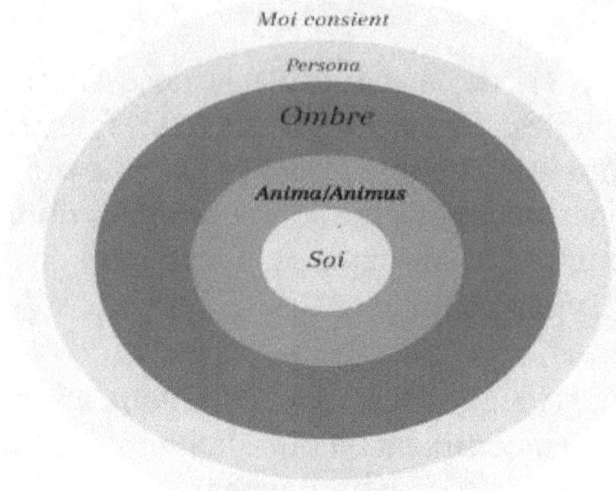

Représentation symbolique des différentes sphères inconscientes à intégrer à la conscience avant d'atteindre le Soi

Pour que le processus arrive à terme, le *Soi* a besoin d'un *Moi* bien ancré dans la conscience, à l'écoute de l'inconscient et des messages qu'il va lui transmettre.

Le langage de l'inconscient échappe totalement à la compréhension de la conscience, l'inconscient communique souvent via les rêves, les images/mythes, les sychronicités, imagination active, rituel et les archétypes. Son discours et souvent sous forme de message à analyser avec attention pour comprendre le sens et tirer l'essence.

Moi : La plupart de personne n'ont pas conscience de leur *Moi* personnel, ils ont plutôt une conscience collective, de la communauté plutôt qu'une conscience individuelle. Cela veut dire, qu'ils sont plus conscients des exigences des normes sociales pour les satisfaire, que par leur propres besoins et motivations de vie individuelle.

Individuation et l'individualisme : Le processus d'individuation ne devrait être confondu avec l'individualisme qui est en lui-même, qu'une prise de conscience du *Moi* et que par illusion identifié au *Soi.* Dans l'individualisme l'individu se renferme dans une bulle centrée sur lui-même, sur sa petite personne, car l'individuation n'exclut pas l'univers elle l'inclut, elle réintègre le micro (individu) au macro (univers) à sa juste valeur et propre place.

Jung souligne : *Ce processus est une entreprise assez délicate, elle nécessite une énergie abondante du Moi, qui sera amené à se dépasser à travers plusieurs prises de conscience. Passant inévitablement par plusieurs chutes, rechutes et crises. La simulation du* ***Soi*** *au* ***Moi*** *peut provoquer sa saturation, épuisement et impuissance total, ce qui conduit à de gros troubles psychiques.*

Jung préconise 6 précautions à prendre :

1- Le *Moi* doit rester ancré dans le monde conscient ;
2- Le *Moi* doit renforcer sa conscience par une adaptation assez rigoureuse ainsi que par tous les moyens et diligences possibles ;
3- Le *Soi* et le *Moi* doivent bien rester différencié et non confondus ;
4- Le *Moi* doit rester fort pour éviter la dissolution et l'inflation (dans le cas d'une chute/crise, le *Moi* ne doit pas esquiver le défi, plutôt l'affronter et retrouver son état de verticalité) ;
5- Le *Moi* doit être bien conscient de la puissance du *Soi,* que lui seul ordonne, oriente le processus et non l'inverse, le *Moi* doit comprendre le sens et harmoniser (*Soi* est un espace ou l'opposition des contraires est suspendue).

Définition :

Symbole* : Contient une charge émotionnelle qui dépasse la raison. Un mot ou une image sont symboliques lorsqu'ils impliquent quelque chose de plus que leur sens évident et immédiat. Lorsque l'esprit entreprend l'exportation d'un symbole, il est amené à des idées qui se situent au-delà de ce que notre raison peut saisir.

Archétype* : Retrouvée également dans la mythologie, la religion et tous les récits traditionnels (symbole de l'âme).

∞

Mythe : Relatif à un point de vue culturel lié à une civilisation à une période donnée avec le temps, ils évoluent avec de nouvelles formes.

Complexes : Les complexes sont des masses psychiques échappés au contrôle de la conscience, se sont séparés pour mener une existence autonome et indépendante dans *l'Ombre,* ils peuvent à tout moment surgir indépendamment pour entraver des activités conscientes. Une sorte de vie parasitaire, au prix de l'effort de la volonté, on peut à l'ordinaire réprimer un complexe ou le tenir à l'échec, mais aucun effort de volonté ne parvient à l'annihiler, il réapparaitra à la première occasion favorable.

Jung précise : pour que les récits aient un effet éclairant, ils ne doivent pas être décodé uniquement d'une manière intellectuelle, il faut aussi qu'elle se fondent sur la tonalité affective qu'ils exercent sur nous.

Les médiateurs :

Les Symboles, Archétypes et Mythes surgissent à travers les médiateurs qui sont les synchronicités, rêves, imagination active et rituel.

Synchronicités : coïncidences objectives non explicables par la rationalité humaine.
Rêves : Un travers un récit les rêves véhiculent des images et des symboles combinaient à la fois du réel et de l'imagination du sujet. Pendant le sommeil la tension énergétique de la conscience est inférieure, ce qui permet à l'inconscient de mettre en place l'imagination active et le processus créatif.
Rituel : Les rituels spirituels, la méditation et le Yoga pratiquaient d'une façon correcte et cohérente permettent d'offrir un accès à l'inconscient.

***Archétypes – Inconscient collectif**

Par opposition à l'inconscient personnel, il le nomme inconscient collectif. Son exploration ne va pas sans danger : les énergies qui font alors irruption dans la conscience inondent l'être, tel un déluge.

∞

Les contenus de l'inconscient collectif, ses modes de manifestation sont les archétypes. Plutôt que des structures préformées, ce sont des virtualités formatrices qui modèlent la matière indifférenciée fournie par le flux de l'énergie psychique. Ce sont de purs dynamismes qui se présentent sous des formes extrêmement variées appelées images archétypiques. Ils contiennent une forte charge émotionnelle d'ordre « numineux », cette charge est à la fois positive et négative : l'archétype est simultanément l'indispensable facteur de l'évolution intérieure et, par la fascination qu'il exerce, une puissance captatrice, un « ogre » redoutable. Les plus puissants d'entre eux sont, ceux des parents. Il ne faut pas commettre l'erreur de voir dans les parents de simples images parentales, le père et la mère sont des spécifications de l'archétype invisible, d'où leur aspect surhumain dans l'âme de l'enfant.

Les archétypes sont des fonctions qui gouvernent le mode de fonctionnement héréditaire de l'être humain et proposent des modèles de réactions à diverses situations. Ce sont des formations extrêmement variées qui font références à une forme fondamentale non représentable en elle-même, en d'autres termes l'inconscient ne nous transmets que la représentation archétypique pas l'archétype en soi.

Auprès des archétypes des parents, il faut citer ceux de l'anima et de l'animus qui introduisent l'image du sexe opposé dans la psyché consciente au fur et à mesure que l'être se différencie de ses parents. L'anima est au suprême degré, la puissance qui arrache l'homme à son univers rationnel ; c'est pourquoi elle apparaît souvent en premier lieu comme la séductrice, la fautrice de désordre. Certains types d'anima demeurent ainsi purement négatifs et aliènent entièrement celui qu'elles entraînent.

Le concept d'inconscient collectif a été développé par le célèbre psychiatre suisse Carl Gustav Jung. Selon lui, l'inconscient collectif est une couche de l'inconscient qui est partagée par tous les êtres humains, indépendamment de leur culture, de leur éducation ou de leur expérience personnelle.

L'inconscient collectif est composé de symboles, d'archétypes et de motifs universels qui sont présents dans les mythes, les légendes, les contes de fées et les religions de toutes les cultures. Ces symboles et archétypes sont des représentations de nos instincts les plus profonds, de nos peurs et de nos désirs les plus primaires. Selon Jung, l'inconscient collectif est la source de notre créativité, de notre intuition et de notre inspiration. Il est également responsable de nos comportements et de nos émotions inconscientes, qui peuvent parfois être difficiles à comprendre ou à contrôler.

En explorant l'inconscient collectif, Jung a développé des techniques telle que l'analyse des rêves, l'interprétation des symboles et la méditation pour aider les individus à mieux comprendre leur propre psyché et à trouver un sens à leur vie. Dans *Dialectique du moi et de l'inconscient,* Jung parle des archétypes comme d'images virtuelles : La forme et la nature du monde dans lequel l'être naît et grandit sont innées et préfigurées en lui sous forme d'images virtuelles. Ainsi les parents, la femme, les enfants, la naissance et la mort sont innés en lui sous forme de disponibilités psychiques préexistantes, sous forme d'images virtuelles, qui sont comme le sédiment de toutes les expériences vécues par la lignée ancestrale, elles en sont le résidu structurel, non les expériences elles-mêmes. Elles n'acquièrent teneur et par conséquent influence sur le sujet, qu'en tombant en concordance avec une donnée vécue.

Jung parle de l'archétype du père, de l'archétype de la mère, des archétypes de l'*Anima* (empreinte et image du féminin chez l'homme) et de l'*Animus* (empreinte et image du masculin chez la femme), ainsi que de l'archétype du *Soi* qui régit le processus d'individuation. Mais il parle aussi de l'archétype de l'enfant divin, de la naissance, du couple divin, du vieux sage, de l'unité, de l'arbre, de la croix etc…Il y aurait alors une multiplicité d'archétypes. Mais on voit bien que la croix et le cercle sont deux images de l'unité et que l'unité à son tour se rapporte à l'archétype du *Soi* en tant qu'il est une union des contraires. De même, si l'on considère par exemple l'image du vieux sage, on peut facilement la comprendre comme un aspect spirituel de l'archétype du père, qui oriente celui qui le rencontre à l'intérieur de lui-même vers la voie de l'individuation, ou l'aide à résoudre une difficulté du chemin. Le vieux sage peut dès lors être également compris comme une figure de

∞

l'archétype du *Soi.* On pourrait donc le définir comme une figure du père porteur du *Soi.*

L'archétype est un sujet très vaste, un mystère emblématique qui ne peut être cerné totalement, transcendant le champ de notre compréhension.

Les complexes par exemple sont des cadres archétypiques vide leur activation parasitent la conscience et la met dans un état de grande confusion. L'activation de l'archétype survient lorsqu'un individu se rapproche d'une situation d'une personne qui est pour lui un RE (rappel de cet archétype), la représentation archétypique (cadre vide) a une valeur affective, activée par un RE.

Le *Soi* doit être conçu comme une détermination individuelle, comme la donnée existante a priori dont naît le *Moi.* Il existe en effet avant et dès le commencement, mais sous une forme latente et inconsciente.

Aussi longtemps que le *Soi* n'est pas incarné, c'est-à-dire aussi longtemps qu'il n'est pas relié à la conscience, son action, comme celle de tout contenu archétypique inconscient, est tour à tour salutaire et destructrice. Nous créons en quelque sorte le *Soi* par la prise de conscience de contenus inconscients et les intégrer à la conscience, dans cette réalisation, le *Moi* individué se ressent comme l'objet d'un sujet inconnu qui l'englobe. La prise de conscience de l'archétype du *Soi,* que Jung appelle souvent expérience du sens, se fait à travers l'émergence du symbole. Le symbole est le *Soi* en acte, le *Soi* est une unicité qui ressemble en lui tous les contraires.

*Les symboles

D'une façon générale, le symbole peut être défini comme une conjonction d'opposés psychiques (par exemple du rationnel et de l'affectif, de l'intuition et du sensuel, du bien et du mal etc…), qui se produit lorsque le *Moi,* en violente désunion avec lui-même, forcé de reconnaître sa participation inconditionnée à chacun des opposés. Se trouve suspendu entre eux, dans un état de tension extrême et de paralysie vitale. L'inactivité de la conscience entraîne alors un reflux de l'énergie qui réveille l'activité de l'inconscient où toutes les fonctions différenciées ont leur source archaïque commune, et cette activité de l'inconscient met à jour un contenu constellé autant par l'un des opposés que par l'autre, l'unilatéralité de chacun se trouvant compensée par la présence de l'autre dans ce nouveau contenu. Celui-ci, dans lequel les puissances opposées s'unissent dans une pente d'énergie. Tel est le symbole vivant, ni rationnel ni irrationnel, qui fait vibrer la pensée autant que le sentiment, qui excite la sensation autant que l'intuition et assure donc le droit à l'existence de toutes les parties de la psyché.

L'émergence du symbole constitue ce que Jung appelle l'expérience du *Soi* ou l'expérience du sens. Le symbole libère le *Moi* de la dissociation et de la prison des contradictions insolubles en lui révélant dans la psyché un dynamisme créateur qui agit par l'union des contraires, ce qui pourrait être une définition de l'archétype du *Soi.* C'est par le symbole que s'établit la relation entre la conscience et l'archétype du *So*i et il est même juste de dire que si cette relation ne constitue pas le *Soi,* elle seule permet au *Soi* de s'actualiser, de se réaliser. L'expérience du *Soi,* est fondatrice, unifiante et transformante : le *Moi* ne se perçoit plus comme autonome et isolé ; il ne se perçoit pas non plus comme opposé ni soumis au *Soi,* mais comme partie intégrante et homogène au *Soi,* c'est la naissance et le renforcement de cette perception que Jung considère être le but de l'individuation.

Jung écrit qu'entre le processus conscient et le processus inconscient, il existe un rapport de compensation. Il définit la compensation comme une équilibration fonctionnelle, une sorte d'autorégulation de tout l'appareil psychique, qui corrige ainsi, ou tente de corriger l'exclusivisme de l'attitude générale dû aux fonctions conscientes. Mais cette correction est loin de réussir dans tous les cas : La fonction compensatrice de l'inconscient se manifeste d'autant plus clairement que l'attitude consciente est plus unilatérale. La pathologie en donne de nombreux exemple. En effet si à l'état normal, la compensation est inconsciente, c'est-à-dire si elle régularise inconsciemment l'attitude consciente, il en va tout autrement dans la névrose, car alors le contraste entre le conscient et l'inconscient est si violent que la compensation en est troublée ; c'est ici ou la psychanalyse cherche à rendre conscients les contenus inconscients pour rétablir ainsi la *compensation.*

Compensation :

Tout le monde s'accorde sur la nécessité d'une analyse, aussi achevée que possible, pour celui qui veut être analysé, l'analyste est supposé être quelqu'un qui reconnaît et utilise de manière satisfaisante le « parti-pris » de son propre inconscient, et capable de rester maître de sa propre psyché tout au long de l'analyse. En réalité, nous savons que cela est pure fiction, sauf dans des cas *de personnalités exceptionnelles.*

Nous savons que la situation analytique peut être utilisée par l'analyste, comme elle l'est par le patient, pour satisfaire des désirs inconscients, satisfaisant ainsi le souhait infantile de regarder les objets sexuels interdits ; ou encore, l'analyste peut succomber à la tentation de se faire consolateur ou sauveur. Se priver des satisfactions de l'enfant aimé et omnipotent, du père révéré tout-puissant, des plaisirs de l'exhibitionnisme, du sadisme, du masochisme, n'est pas chose facile ; s'abandonner à l'incertitude intellectuelle, laisser son jugement en suspens, renoncer au désir de soulager par des solutions rapides, ne sont pas simples non plus. Plus difficile encore, peut-être, est l'abandon des principes du *Surmoi* en faveur d'une perspective plus libre et d'un développement du *Moi* plus riche. Étant donné que personne ne peut jamais être complètement analysé, étant donné que le *Ça* et la puissance de sa force ne peuvent jamais être éliminés par l'analyse, et que le conscient-inconscient (comme Freud nous l'a montré) ne peut supporter un certain degré de privation sans dédommagement, il semble que nous soyons en train de postuler une situation imaginaire, à moins que la compensation ne soit à l'horizon.

Trois privations, aussi inévitables que pénibles, peuvent servir d'exemples *: l'inhibition du plaisir narcissique, notamment au niveau prégénital (c'est-à-dire des émotions d'intolérance, de rancœur, de vengeance) ; l'inhibition de la certitude dogmatique dans la sphère intellectuelle ; la modification du Surmoi,* cette dernière comprenant la plus grande privation. Pour le dire brièvement, l'analyste est dans la nécessité de traduire et d'interpréter le matériel du patient sans y réagir émotionnellement. Mais nous sommes ici confrontés à deux difficultés : s'il devait faillir à cette tâche, alors il invaliderait l'analyse ; par ailleurs, c'est seulement à travers sa propre activité émotionnelle qu'il peut effectuer une interprétation et une traduction satisfaisantes de ce matériel. Le travail, pratique et théorique, des grands représentants de la psychanalyse, issu d'un contact direct libre avec ses propres émotions. Cela, comme je le propose, donne une possibilité de vision à l'analyste, et permet au patient, en contact avec lui, de devenir plus libre dans sa propre vie émotionnelle, et par conséquent de changer. Nous avons tous conscience que l'interprétation – quand, comment et à quel niveau la donner – est l'un des problèmes essentiels tant pour l'analyste que pour le patient, et met à l'épreuve les relations de l'analyste avec ses propres pulsions inconscientes. Une chose est certaine : l'interprétation de l'analyste, si elle arrive au moment opportun et est vraiment orientée vers son but, peut avoir la plus haute influence dynamique sur l'inconscient du patient, déclenchant d'un côté un mouvement d'énergie en faveur d'un nouveau fonctionnement, et de l'autre, une résistance agressive auto-protectrice. Le simple fait que cela suscite l'énergie agressive et active du *Ça* du patient peut également être le facteur qui stimule l'énergie du *Ça* de l'analyste dirigée sur le matériel du patient, à présent une part de lui-même, libérant ainsi des fantasmes nouveaux et plus riches, accompagnés d'un agréable sentiment de mouvement. Il doit en résulter une attitude beaucoup plus favorable de la part de l'analyste, avec une diminution de l'hostilité inconsciente.

Qu'est-ce qui, dès lors, peut se produire pour empêcher l'hostilité et les revanches inconscientes dues à ces privations que j'ai évoquées ?
À un petit nombre d'entre nous, en fait, cette entrée serait accordée, en dehors du processus analytique, sauf dans la mesure où nous pouvons l'obtenir par des formes de création spirituel ou artistique. C'est du côté de se « prendre part », que nous devons chercher le dédommagement. Mais nous devons être sûr que se « prendre part » soit vraiment une participation et un processus créateur. Si notre soi-disant participation est celle de spectateurs plus ou moins passifs, notre plaisir étant largement étayé sur l'assouvissement de la curiosité infantile et des désirs d'identification, le plaisir ainsi obtenu ne se révélera pas

nécessairement d'une réelle force dynamique ; de plus, la satisfaction peut facilement dissimuler l'hostilité, plus susceptible d'apparaître là où nous sommes spectateurs d'êtres humains vivants. Hélas, comme il est amer d'assister derrière une fenêtre à la satisfaction des *autres*, ainsi que l'écrivit l'un de nos poètes. Si « assister à » peut être changé en « vivre de » l'expérience que nous partageons, les inhibitions déjà mentionnées pourraient être transformées positivement : *l'inévitable satisfaction narcissique échangée contre le plaisir d'un second souffle ; les normes du Surmoi modifiées remplacées par des pulsions du Moi moins entravées ; l'inhibition de la certitude dogmatique par une curiosité légitime plus audacieuse.* Le résultat d'un tel échange permettra à l'analyste d'évoluer selon deux directions : utiliser plus et beaucoup plus librement son esprit conscient, et mettre davantage en lumière son inconscient.

Pensez encore au conseil de Hamlet à la troupe de comédiens : Soyez mesurés, dans le torrent, dans la tempête, dans l'ouragan, dirai-je même, de la passion, vous devez trouver et engendrer de la retenue. De cette façon, nous pouvons réellement déterminer la situation désirée, à savoir la capacité à traduire le matériel du patient, s'adapter à ses demandes inconscientes, sans en être submergés. La capacité à saisir le matériel à l'intérieur, à le modeler, le recréer, et par là à créer de nouvelles combinaisons. Le pouvoir de distribuer de nouveau le matériel (énergie) qui transite en nous, qui fusionne avec notre propre expérience individuelle, doivent être basés sur la pulsion de vie orale et anale, comme cela a été noté dans de nombreuses recherches sur l'activité créatrice. La production et l'assimilation de ce matériel présentent la plus étroite analogie avec le fait de prendre à l'intérieur et de recombiner la véritable matière nutritive, et l'activité de plaisir qui accompagne ces processus.

L'aspect sublimé de ces processus doit être pour nous l'aboutissement majeur, et c'est autour de la question des sublimations de l'analyste que beaucoup de choses gravitent. Ce problème semble encore se poser à nous. Jusqu'où la sublimation est-elle authentique, et, si elle est authentique, jusqu'à quel point peut-elle être poussée ? C'est pourquoi j'ai soulevé la question de la compensation, car il semblerait que, trop souvent, nous postulons un degré de sublimation qui ne peut être atteint, et pouvons même exiger une sublimation qui se fait seulement passer pour telle, dans la mesure où elle exclut un contact avec la liberté de fantasmer.

Il est tout à fait clair que le contact accru de Freud avec son matériel inconscient lui donnait beaucoup plus de liberté : de fait, il écrit qu'il éprouva alors le sentiment victorieux d'être en possession du savoir désiré pour traiter l'inconscient de sa patiente, et lors de la séance analytique suivante, cette dernière fit un grand progrès.

L'analyste d'enfant doit forcément être plus profondément et instinctivement en contact avec la vie fantasmatique de l'enfant s'il veut réussir ; il ne peut réprouver le fantasme derrière l'écran des mots de la même manière que l'analyste de l'adulte.
L'accomplissement réussi de l'analyste, le sien et celui de son patient, obtient son matériel, le façonne et l'éclaire en le fusionnant à son propre inconscient, et le présente à nouveau, ainsi remodelé, sous des formes acceptables par les exigences de la réalité et par l'inconscient du patient. À travers cette révélation, il acquiert un moyen de libération, tant pour ses semblables que pour lui-même.

Synchronicite :

J'entends par synchronicité les coïncidences, qui ne sont pas rares, d'états de fait subjectifs et objectifs qui ne peuvent être expliquées de façon causale, tout au moins à l'aide de nos moyens actuels. Jung souligne que l'*astrologie* et la méthode de consultation du Yi King reposent sur ce postulat d'une correspondance entre intérieur et extérieur, psyché et matière. Le principe de synchronicité, défini comme coïncidence signifiante, suggère un rapport entre des phénomènes non reliés par la causalité, voire une unité de ces phénomènes et représente donc un aspect d'unité de l'être que l'on peut à bon droit désigner comme "unus mundus". Cette unité est pour lui plus profonde que la division apparente du monde en une myriade d'objets, et plus profonde encore que la division du sujet et de l'objet dans la conscience. Cette séparation sujet-objet permet à l'individu à haut potentiel d'être à la fois l'analyste et analysé.

∞

Cheminement

1- Élargissement de la conscience :

L'élargissement de la conscience est avant tout une prise de conscience de sa réalité, la réalité physique, métaphysique et abstraite. La prise de conscience commence par une prise de conscience de sa propre personne (qualité, faiblesses, points d'appui, points de vigilances...), de son environnement (famille, communauté, culture, société...), du monde (de la nature, des paysages, pays, continents, religions, cultures, idiologies, monde géo politique et géo économique...) et de l'univers dans sa globalité (Terre, lunes, planètes, système solaire, galaxies, bloc galactiques...). Cette prise de conscience est une phase cruciale et primordiale dans l'initiation du processus de l'individuation, plus cette phase est constructive et structurée plus la conscience est solide et renforcée, une conscience bien structurée est indispensablement vitale tout au long du process. Elle permet non seulement de renforcer la conscience, mais de découvrir la réalité de son monde intérieur et extérieur, poussée par des questionnements existentiels et la quête du sens de toute chose.

Cela nécessite avant tout une sincérité et une franchise implacable avec soi-même, ainsi qu'une grande ouverture d'esprit, d'acceptation et de compréhension. Car dans cette quête de sens, toutes les croyances et convictions de l'individu peuvent basculer puis bousculer brutalement sa réalité illusoire (acquisse au fil des années) et créer un sentiment de frustration et de rejet. Au-delà de notre éducation familiale, sociétale ou notre instruction académique cette phase est le fruit d'une prise de conscience d'une pure réalité, non conventionnelle et non illusoire. Elle permet la remise en question de toute notre existence, notre éducation, nos acquis, du monde et de son architecture. C'est une sorte de révolution psychologique contre toutes les idées, idiologies, croyances et convictions que nos parents, famille, société, nous ont injectés au fil du temps, avec l'idée d'éduquer les gens à la normalité puisse rentrer à la tête de qui que ce soit avec une éducation familiale conventionnelle, un système éducatif qui nous endoctrine à penser de la même manière, des médias de masse qui s'assurent que nous craignons les mêmes choses, une industrie publicitaire qui nous fait aimer les mêmes choses et des médiats sociaux qui facilitent la honte et la ridicule de tous ceux qui sortent trop de la ligne, beaucoup de gens sont des conformistes.

Déraciner toutes les racines nocives pour illuminer la conscience et une tache qui nécessite du courage pour affronter la réalité et l'accepter, c'est cette phase qui permet la prise de conscience du *Moi* que beaucoup confondent avec le *Soi.* Et qu'enfin de compte la prise de conscience du *Moi* n'est que l'initiation du processus d'individuation qui peut durer toute une vie.

Tout au long de ce cheminement, le *Soi* aura besoin d'un *Moi* fort et bien conscient et ancré dans la réalité qui l'entoure, la phase de prise de conscience est la base fondatrice du processus du cheminement vers le *Soi.*

2- Passer de la Persona au Moi :

La *Persona* est l'image qu'on renvoie aux autres et qu'on pense être, elle correspond au rôle social, qui facilite l'adaptation à la société, émanant des décisions de la société et de l'individu envers lui-même. Grâce à elle, l'individu va pouvoir jouer son rôle et rentrer en relation avec autrui. Il construit cette apparence dès l'enfance en privilégiant les aspects de son caractère qui lui semblent nécessaires à son intégration dans l'organisation sociale. La *Persona* doit être considéré comme un partenaire du *Moi,* indispensable pour établir le lien avec le monde extérieur et organiser les relations. Le masque social permet de protéger le *Moi* pour cacher ses faiblesses et sa véritable nature incompatible avec les normes sociales. La société actuelle oblige l'individu à s'identifier à sa *Persona,* à se conformer à un rôle qui nuit à sa véritable nature.

Les aspects rejetés de la *Persona* vont glisser dans l'inconscient personnel, où nous allons les retrouver comme éléments formateurs de l'*Ombre* du *Moi.* Cette personnalité refoulée aura naturellement des tendances opposées à celle du conscient et sera à l'origine de phénomènes d'inadaptation ou de coexistence de personnalités absolument opposées. C'est un compromis entre l'individu et la société

∞

où l'opinion des autres a souvent plus d'importance que celle de l'individu lui-même.

Au cours du processus d'individuation, la *Persona* doit disparaitre au profit du *Moi.* Préserver son *Moi* au cours du processus d'individuation est souvent accompagnée de crises avec son entourage et la société dont l'individu appartient, son authenticité ne laissera pas les gens indifférents ! Préserver son Moi est crucial pour bien cheminer vers le *Soi.*

Carl Gustav Jung, désigne par *Persona* ce qui organise notre rapport au monde extérieur, à la société dans laquelle nous vivons et qui ordonne notre rapport aux autres, afin d'être socialement accepté. C'est une sorte de masque social, une image crée par l'*Ego* pour nous permettre de nous couler sans heurt au sein de notre communauté.

Lorsque la *Persona* est sous-développée, l'*Anima* devient alors surdéveloppé, et apparaîtrons bien souvent comme trop sensible et touchants, ne pouvant éviter les déceptions et les souffrances. Lorsque au contraire la *Persona* est brillante alors l'individu se rendra bien souvent insensible et désarmé vis à vis du monde qui l'entoure. Ainsi une meilleure compréhension de l'être passe par une meilleure compréhension de l'extérieur et de l'intérieur du monde.

Le danger vient du fait qu'en perpétuelle représentation sous le masque de la *Persona*, l'individu risque d'étouffer complètement sa vraie nature et de n'être plus, que le rôle qu'il incarne. Ainsi, la société attend et se doit d'attendre de chaque individu qu'il assume et joue de façon aussi parfaite que possible le rôle qui lui est imparti. Il critique alors l'attitude complètement schizophrène des individus qui viennent alors jouer bien souvent au moins un double rôle. C'est de cette mauvaise foi dont parlait Sartre, lorsque nous paraissons autre que nous-mêmes dans le regard des autres. Jung qualifie cette adaptation de l'individu en fonction de l'image que la société lui a assigné comme un vrai sacrifice de soi-même.

La désintégration de la *Persona* : Contrairement aux parties inconscientes qui doivent être **intégrée** à la conscience, la *Persona*

∞

compte à elle (masque du Moi conscient) doit être désintégrée. Dans cet état la *Persona* est intentionnellement ou involontairement brisée, créant un état de chaos et de désorientation de la conscience (*Moi*), qui peut entrainer des comportements (traits de la personnalité) différents et contradictoires.

+ 3 approches de la désintégration :

1- **Restauration négative**, le fait de faire semblant être comme avant l'expérience cruciale afin de s'adapter à l'état actuel.
2- L'absence ou on vie sans aucune *Persona*, ce qui ne nous permet pas et nous empêche d'interagir avec le monde extérieur.
3- **Restauration positive** est de développer une *Persona* consciente est qui ne cache pas notre véritable identité.

*La **restauration négative** :* celle-ci cache notre véritable identité et l'absence de *Persona*, peut non seulement être impossible mais aussi indésirable, car il faut s'adapter au monde extérieur autant qu'a notre monde intérieur. Le fait d'utiliser un masque pour cacher son vrai *Moi* avec ses vulnérabilités et aspects, qu'on souhaite cacher au monde extérieur est primordial pour l'intégration dans la société. Le fait de paraitre sur sa véritable nature est un grand risque à prendre et expose notre personne à la vulnérabilité face au monde extérieur. C'est notamment pour cette raison que les gens trouvent refuge dans l'alcool, car elle les libère de l'emprise étouffante de ce masque social, la *Persona* devrait servir d'objet-vitrine dans lequel nous exposons notre meilleure version et nos meilleurs atouts.

Prenant l'exemple d'un serveur de café qui joue à être un employé de café, son mouvement est rapide, précis, ses yeux expriment un intérêt d'attirer la commande du client, sa démarche exprime la rigidité inflexible. Le serveur se trompe sur sa réalité humaine, la *Persona* ou le rôle social est devenu équivalent à son existence humaine. Son identité devient alors un être objectivé, un personnage idéal équivaut à son travail. Si un jour il perd son travail, cette image se brise, sa *Persona* se dissous, c'est le stade de désintégration est se retrouve face à face avec le vide de son vrai *Moi* qui n'est pas encore développer, ceux qui peut conduire à une crise existentielle. Chaque métier ou profession a sa propre *Persona* et ses caractéristiques, un certain nombre de comportement leur est imposé par le monde professionnel et les professionnels s'efforcent de répondre à ses attentes. Le danger réside dans l'identification au personnage, à s'identifier au rôle social. L'identification à la *Persona* risque des conflits très désagréables, ces conflits viendront de l'*Ombre*.

La ***désintégration positive*** *: est* un processus de développement qui mène certains individus vers une personnalité unique, authentique et choisie. Vers une réalisation de *Soi,* la théorie de la désintégration positive comporte 5 niveaux de développement, le passage d'un niveau à un autre est toujours accompagné d'une période d'instabilité et de crise personnelle et d'un effort important et conscient de l'individu.

1) L'intégration primaire :

Le stade de l'intégration primaire est contraire à la santé mentale, plus la structure de l'intégration primaire est stable et cohérente, moins le potentiel de développement de l'individu est élevé. Ce stade primaire est influencé par les instincts (désirs, faim, pulsions, besoins…), l'environnement et valeurs. A ce niveau les comportements sont marqués par un cocktail d'égoïsme et de conformisme, cela concerne la majorité de la population. Les personnes qui restent à leur premier niveau sont généralement bien adaptés à leur environnement, l'individu est docile et domestiqué, ne cherchera pas à changer le système, même ci que l'injustice règne dans la société. Ce genre de personnes ne remettent jamais les choses fondamentaux en question, de manière générale le niveau d'empathie et d'introspection est assez faible à ce niveau.

2) L'intégration à niveau unique :

Ce stade se caractérise par des crises souvent intenses, l'individu peut être touché par l'anxiété, la frustration et la dépression. Cette crise est souvent provoquée par un événement existentiel (deuil, bouleversement, traumatisme…). L'individu ne repère aucune solution apparente et s'y perd, cette perte de boussole, ce sentiment d'insatisfaction et de mal être sans issue visible est particulièrement déstabilisant et dangereux. La personne commence à ressentir un mal-être, des peurs, des obsessions, des phobies et des conflits intérieurs. La personne incapable de distinguer les différents conflits intérieurs ou de les comprendre se perd dans l'inconnu, la confusion, le doute et le désespoir.

<u>A ce stade trois types d'évolution se distingues :</u>

+ L'individu retrouve une position de stabilité en se retranchant et réintégrant l'intégration primaire. Ce qui était comme conflictuel perd son importance et se retrouve « résolu » ainsi l'équilibre revient.
+ La persistance du conflit non résolu, débouche sur des symptômes sévères, l'individu développe des psychoses ou se suicide. Toutefois ces symptômes peuvent aider à résoudre la crise psychique servant de clés d'un dilemme propre à la personne.
+ Le potentiel de développement est suffisant, l'individu bénéfice des conditions favorables, il peut évoluer et progresser vers le niveau suivant de prise de conscience.

3) L'intégration à niveau multiples spontanée

Phase dont le trait principal consiste à la hiérarchisation des valeurs. L'individu commence à percevoir que certaines options sont meilleures que d'autres, plus authentiques plus adaptées à ses aspirations et valeurs profondes, tandis que d'autre sont perçues comme inférieurs ou indignes. C'est ici, qu'apparaissent des psychonévroses, qui sont des manifestations positives et nécessaires. Ces hiérarchies structures un *Moi idéal,* qui créera conflit avec le *Moi réel*, ce qui reflètera l'insatisfaction, la tristesse et la mélancolie face à la réalité, entre ce que l'on est et ce que l'on pourrait être ou ce qu'on souhaite être. Si l'individu manque d'énergie et de volonté nécessaire pour évoluer, il stagne dans une forme de déséquilibre existentiel, caractérisé par l'étonnement, l'insatisfaction, le mécontentement, la bonté, la culpabilité liée à l'échec perçu de ne pas pouvoir vivre selon ses valeurs et de na pas pouvoir atteindre son *Moi idéal*, l'individu authentique fait le choix d'emprunter le chemin vers le *Moi idéal*. L'étape suivante sera la mise en pratique de cette étape.

4) La désintégration à niveau multiples organisés

Cette phase correspond à une entreprise volontaire et consciente de réexamen de ses choix de vie et de ses valeurs, au cas par cas, les différents éléments examinés peuvent être bien confirmés ou bien rejetés. Et faire objet d’un changement de réorientation des différents domaines existentiels de l’individu. Cela conduit systématiquement à une dimension de conflits internes moins intenses, toutefois cela n’exclut pas que certains choix peuvent être le fruit d’erreurs d’analyses ou de jugement ce qui peut reconduire l’individu à d’anciens chemins conflictuels. Mais à ce stade la personne a développé une solide base assez hiérarchisée et structurée pour reconduire rapidement tout mauvais chemin à la droiture du chemin idéal, c’est-à-dire de la personne idéale que l’individu peine à atteindre, ainsi l’individu s’adapte constamment aux situations de la vie pour se rapprocher autant que possible de cet idéal.

L’un des facteurs le plus important dans ce process est la relation sujet-objet, permettant à la personne de s’examiner d’une optique extérieure et détacher (comme si c’était un objet ou l’analyste et que le sujet est l’analysé) et d’autre part de considérer ceux qui l’entourent avec leur propre psyché. Cela signifie qu’une plus grande empathie peut se développer, de même qu’une plus grande compassion à la fois envers soi-même et les autres. Ainsi qu’un sens accru de la responsabilité, de la loyauté et de la justice. L’hyperstimulabilité émotionnelle (HE) est notamment associée à ces phénomènes, HE se manifeste par la présence d’une large palette d’émotions et de sentiments complexes, nuancés et profonds. Non seulement leurs propres émotions sont intenses, mais aussi à celle des autres, les sujets développent une grande empathie, de la compassion et de la sympathie.

A l’inverse, leurs sentiments peuvent être communicatifs comme la joie et l’enthousiasme. Ces personnes ont particulièrement besoins de relations interpersonnelles nourrissantes, qui leur apportent de la sécurité et leur permettent de se découvrir à travers le regard des autres pour développer une saine estime d’elles-mêmes. L’HE est un moteur important dans la désintégration positive, car c'est elle, entre autres, qui poussent le sujet vers sa meilleure version.

L'introspection analytique ouvre la voie à une capacité à examiner et à solutionner ses propres déséquilibres mentaux en vue d'atteindre un degré plus élevé de fonctionnement. La santé mentale se trouve amélioré et le danger écarté.

L'hyperstimulabilité est un ensemble de réactions innées, extrêmes et constantes en réponse à des stimuli internes et externes. Elle est peut-être psychomotrice, sensuelle, imaginaire, intellectuelle et émotionnelle.

Les différents types d'hyperstimulabilité :

- **L'hyperstimulabilité émotionnelle** se caractérise par le fait de vivre les choses intensément.
- **L'hyperstimulabilité imaginative** est la capacité à visualiser, inventer des choses nouvelles et créer.
- **L'hyperstimulabilité intellectuelle** concerne plus précisément la capacité à être curieux et à réfléchir de manière approfondie.
- **L'hyperstimulabilité psychomotrice** sous-entend que la personne concernée fait preuve d'un surplus d'énergie par rapport aux autres individus.
- **L'hyperstimulabilité sensorielle** entraîne une sensibilité intense à la vue, au son, au toucher, au goût et à l'odorat.

5) L'intégration secondaire :

Les personnes atteignant ce niveau sont très rares, ces individus se caractérisent par une personnalité authentique et cohérente. Leur existence entière est en effet basée sur un ensemble de choix personnels et réfléchis. Équilibrés et libérés de tout conflit intérieur, ils sont aussi indifférents au regard et au jugement des autres. Se distinguent souvent par une contribution créative et constructive à la société. L'individu acquit sa personnalité et vit selon son idéal.

∞

- Principaux acquis et caractéristiques :

- La conscience de soi : la personne a un haut niveau de compréhension d'elle-même, de sa structure, de ses aspirations et de ses buts, besoins et envies.
- Affirmation de soi : la personne est convaincue que son attitude n'est jamais terminée, elle continue sur sa propre voie de développement et d'éduction.
- Éducation de soi : la personne est consciente que son développement n'est jamais terminé et chemine sur sa propre voie de développement continu.

En conclusion :

La différence à se conformer aux attentes sociales telles qu'elles s'expriment à l'école ou dans le monde du travail s'interpréteraient pas comme un défaut à corriger mais comme un appel à tracer une voie unique et identique à sa personne refoulant tout type de conformisme non conforme à soi.

L'important est de comprendre et accompagner les personnes qui traversent les phases de crises et de conflits, plutôt que de les forcer à réintégrer un cadre uniforme qui ne leur convient pas, les obligeant ainsi à porter et à s'identifier un masque.

L'identification à la *Persona* risque des conflits très désagréables, ces conflits viendront de l'*Ombre*. Les aspects rejetés par la *Persona* seront glissés dans l'inconscient personnel, des éléments formateurs de l'*Ombre* du *Moi*, ces aspects de personnalités refoulés auront naturellement des tendances opposées à ceux du *Moi* conscient, et sera l'origine de phénomènes d'inadaptation ou de coexistence de personnalités absolument opposées.

3- Apprivoiser son Ombre

L'*Ombre* représente la partie inférieure de la personnalité, regroupant tous les éléments psychiques incompatibles avec la vie que nous avons choisie, ont été refoulés et rejetés dans l'inconscient. L'*Ombre* est le côté mal aimé de soi, non reconnu. Quand la *Persona* prend le dessus sur le *Moi*, l'*Ombre* sera trop grande, elle deviendra menaçante et créera des tensions internes et des dilemmes récurrents.

L'*Ombre* est constituée par les contenus de l'inconscient personnel, le mot doit être entendu au sens d'ombre morale. C'est la moitié obscure de la personnalité elle correspond à une personnalité du *Moi* négative et inclut donc tous les éléments dont nous trouvons l'existence pénible et regrettable.

Apprivoiser son *Ombre*, c'est apercevoir ses propres aspects de sa personnalité puis les affronter, les aspects que nous préférons ne jamais connaitre. Des aspects négatifs comme positifs qui se sont refoulés et ressentis comme inférieurs. C'est la part de nous-mêmes que nous ignorons. C'est cette part d'elle-même que notre psyché ne connaît pas, en termes simples, l'*Ombre* est le côté sombre du *Moi,* c'est tout ce qui est exclu de *l'Ego* (l'image du Moi par rapport à soi-même) afin d'être accepté socialement. Lorsque nous sommes conscients de nos défauts et faiblesses, il a toujours moyen de les corrigés, mais si nos défauts et faiblesses sont ignorés encore pire réprimés et isolés de la conscience, aucun moyen de correction n'est possible, ils referont surface à chaque occasion. L'*Ombre* est plus visible lorsque nous sommes dans des situations désavantageuses, quand nous sommes anxieux, en colères, tristes ou sous l'emprise de l'alcool ou lorsque nos émotions nous submergent.

L'*Ombre* agit de manière autonome, peut se manifester par des changements d'humeurs inexplicables, de l'irritabilité et de la cruauté. Lorsqu'elle méconnu et inexploré, ses aspects négatifs nous appauvrissent intérieurement, créant des obstacles inconscients qui entravent notre croissance personnelle et nous empêchent de manifester les bonnes qualités qui sommeillent en nous. A titre d'exemple : une personne pense à tort que l'assertivité est synonyme de grossièreté ou d'agressivité, ce qui lui fait perdre confiance en elle et l'empêche de s'exprimer de manière honnête avec les autres. Ainsi, lorsqu'elle rencontre une personne assertive, elle peut ressentir de la rancœur et de la culpabilité, ce qui rend son *Ombre* encore plus sombre et dense. Ces aspects doivent être intégrés à notre expérience réelle et c'est le rôle de l'*Ego* de laisser tomber son orgueil, afin de l'intégrer à notre personnalité, ce processus appelé "la réalisation de l'ombre'' une phase de transite d'auto développement, longue et douloureuse. Ce transite nécessite plusieurs cycles de négociation et de confrontation avec son *Ombre*.

Elle peut se manifester plus intérieurement, au sein des complexités de chaque psyché individuelle, sous forme de haine envers soi et les autres, de dépression, de sentiments d'impuissance, du désir de vengeance pour que les autres puissent ressentir et connaitre une souffrance similaire. L'*Ombre* collective inclus dans l'inconscient collectif est qualifié de mal, dans la tradition chrétienne, c'est le diable. Car le diable rentre en contact avec l'humain à travers le mal de l'inconscient collectif ou l'*Ombre* collectif. Quelqu'un possédé par le diable perd sa qualité humaine et acquiert une nature démoniaque inférieure. La première réponse au mal est de reconnaitre le bien et le mal que l'individu peut faire et les crimes dont il est capable. Prendre connaissance de ses limites dans le bien comme dans le mal est d'une importance cruciale. Les allemands qui ont rejoint les Nazis pendant la seconde guerre mondiale n'ont jamais imaginé pouvoir commettre de tels atrocités, c'étaient des citoyens comme vous et moi, mais le mal à rapidement submerger leur conscience puis devenu une conformité collective.

L'*Ombre* a un aspect à la fois personnel et collectif, elle est constituée de tout ce que vous avez personnellement supprimé et réprimé, mais la société joue également un rôle dans ce qui est transféré dans l'inconscient. La société nous donne un rôle à jouer, ce qui signifie que nous devons éliminer de notre vie un grand nombre de choses que nous pourrions penser ou vouloir en tant qu'individu. Chaque société particulière a une grande variété d'attentes et de tabous concernant les comportements et les attitudes.

Dans une large mesure, la civilisation n'est possible que parce que l'*Ombre* a été séparée de la personnalité et gardée cachée. La moralité est l'épine dorsale de la relation entre les hommes, la pérennité de la société dépend en grande partie des tabous contre des choses aussi graves que la violence, la colère et les abus, ainsi que des comportements aussi communs que la grossièreté. Mais en fin de compte, les limites de la société ne sont rien d'autre que des règles que nous avons inventées et que nous avons mutuellement accepté de suivre.

Mais l'*Ombre* n'est pas simplement cette partie de nous-mêmes que nous ne laissons pas transparaître en société, c'est, de manière plus menaçante, ce que nous ne voulons pas voir de nous-mêmes.

Alors que l'*Anima* ou l'*Animus* sont personnifiés dans les rêves par des figures du sexe opposé à celui du rêveur, l'*Ombre* est personnifiée par une figure du même sexe. Cependant, l'*Ombre* et l'*Anima*, étant toutes deux inconscientes, se contaminent l'une à l'autre, ce que le rêve représente sous la forme d'un "mariage" ou d'une expression semblable. Car la séparation entre ces deux figures est nettement évidente, l'explication avec l'*Ombre* décrite par Jung comme « l'œuvre de l'apprenti », car elle est le contenu le moins chargé de matière explosive et aussi le plus proche de l'état conscient.

L'Anima/Animus est un contenu plus profond que l'*Ombre*, dans l'inconscient. Le contenu de l'*Ombre* appartient au *Mo*i refoulé, tandis que l'Anima/Animus ne lui appartient pas. Le degré de difficulté de la confrontation à l'*Ombre* dépend de l'aptitude du *Moi* à se distancier de lui-même, alors que la confrontation à l'*Animus* ou à l'*Anima*, qui, du fait de leur nature d'archétype, sont beaucoup plus loin de la conscience, est une tâche d'une toute autre dimension.

L'*Ombre* est le primitif qui vit encore dans l'homme civilisé. La colère est un facteur significatif de la présence de l'*Ombre*, rendre l'*Ombre* consciente est une étape incontournable dans le processus d'individuation, le courage de porter son obscurité, libère les autres du fardeau de la porter à notre place.

Traité le passé est la première étape pour intégrer son *Ombre* en profondeur depuis sa racine, un tel processus ne peut être considéré comme réussi ou raisonnablement complet, que lorsque la douleur, l'indignation, la trahison, la souffrance et tous les autres sentiments ont été exprimés et entendus et que la responsabilité a été assumée. Car dire

∞

la vérité est le moyen le plus souhaitable de traiter avec un passé difficile, plutôt que de minimiser les activités et de laisser l'*Ombre* s'assombrir jusqu'à ne plus pouvoir grandir et ainsi l'histoire se répète. Ceux qui n'apprennent pas des faits désagréables forcent la conscience cosmique à les reproduire autant de fois que nécessaire pour apprendre ce qu'enseigne le drame de ce qui est arrivé, ce que tu nies te soumet, ce que tu acceptes te transforme.

Stratagèmes pratiques pour apprivoiser son Ombre

1 – La prise de conscience

Prendre conscience que nos projections sont inconscientes et qu'elles viennent de nous et non des autres (ne pas culpabiliser ou en vouloir à nos parents, famille, enseignements, environnement, société).

2 – Identifier ses projections et les composantes de son ombre

Les projections que nous faisons sur autrui sont le reflet de notre *Ombre*. Si nous méprisons ou idéalisons quelqu'un pour un trait de caractère ou une qualité, c'est que nous devons précisément développer en nous ce trait de caractère ou cette qualité : Ainsi, si nous avons tendance à critiquer notre collègue pour son côté fainéant alors que nous sommes travailleurs, c'est que nous devons probablement faire plus de place dans nos vies pour la détente et le temps pour nous. Dans la même logique, si nous critiquons une personne douce et tranquille alors que nous sommes énergiques et agités, c'est sans doute que nous gagnerions à intégrer un peu de douceur et de tranquillité dans notre vie agitée. Le côté doux et tranquille serait donc un aspect ayant été refoulé dans notre inconscient pour une ou autre raison.

Ces projections se retrouvent souvent dans les couples, nous sommes attirés chez l'autre par ce qui manque chez nous. En nous attachant à cette personne, nous pouvons avoir le sentiment de récupérer à notre propre compte les qualités que nous avions occultées.

Une fois identifiée, l'*Ombre* devra être réintégrée, dans le but d'opérer une harmonisation entre l'*Ombre* et son contraire. L'idée est d'identifier deux aspects contraires de sa personnalité : l'un ayant été refoulé, l'autre étant parfaitement conscient (exemples : douceur vs agressivité ; passivité vs énergie ; honte vs fierté ; peurs vs courage ; etc.) et de favoriser leur conciliation.

Les questions à se poser :

- Quelles sont les qualités que je voudrais que les autres reconnaissent ? Quelles sont celles que j'admire chez les autres ?
- Quels sont les défauts que je ne supporte pas en moi et chez les autres ?
- Quels sujets de discussion ai-je tendance à éviter dans mes conversations ?
- Dans quelle situation me rend nerveux, hypersensible ou sur la défensive ?
- Quelles sont les critiques me concernant qui m'agacent ou m'irritent ?
  - Quels sont les aspects les plus flatteurs de moi ego social (ceux que vous aimeriez voir reconnus par les autres) Demandez-vous ensuite quels sont les qualités ou traits contraires que vous avez dû refouler (Ainsi, par exemple, celui qui souhaite passer pour quelqu'un de fort risque d'avoir refoulé son côté vulnérable) ?
  - Quels sujets de discussion, que j'ai tendance à éviter ?
  - Quel type de remarques me font agir ? (Il se peut que cela vienne toucher une partie de vous que vous n'acceptez pas).
  - Dans quelles situations j'ai le sentiment d'être inférieur ou de manquer de confiance en moi ?
  - Dans quelles situations j'éprouve de la honte ?
  - Quelles critiques me touchent particulièrement ?
  - Est-ce que j'ai des difficultés à accepter un compliment ? (Le fait de minimiser ou de refuser un compliment est un signe indicateur que vous camouflez votre désir d'être admiré).
  - A propos de quoi je me sens bouleverser ou insatisfait ? (Il peut s'agir de quelque chose que vous cherchez à occulter parce que vous la considérez comme un défaut).
  - Par quelle qualité ma famille se distingue dans mon milieu ? (La qualité opposée constitue l'*Ombre* familiale, exemple : une famille dont les membres sont qualifiés de travailleurs aura

probablement donné peu de place pour le loisir, le plaisir et le repos).

- Quels rapports j'entretiens avec la honte ? la peur ? l'agressivité ? la vulnérabilité ? le doute ? (Les percevez-vous comme des ennemis à combattre ? En faites-vous des alliés ?).
- Quelle est l'intention positive de cette Ombre (peurs, honte, agressivité, vulnérabilité, doute, etc.) ? (Si elle existe, c'est qu'elle remplit une fonction utile pour vous. Quelle est-elle ?)
- Par qui je suis fascinés ? Quel lien puis-je faire entre cette Fascination ou ce mépris ?
- Quelles projections faites-vous à l'égard d'autrui ? (Que nous méprisons ou dont nous sommes pourvus sans en avoir conscience).

La réponse honnête et sincère à ces questions vous amènera à reconnaitre une partie de votre Ombre que vous refoulez et refuser d'admettre en vous. L'étape suivante et l'acceptation de cette part en nous.

14- S'identifier à ses projections

L'idée est de se reconnaitre responsable de son *Ombre*. Par exemple, je transformerai la pensée : « Ma sœur est insupportable » en « Je ressens de l'hostilité envers ma sœur et je fais tout pour la mettre en colère » ; « Personne n'a de scrupules dans cette boite » en « Moi, aussi, je manque de scrupules » ; « Le comportement de cette femme infidèle est scandaleux » en « Moi, aussi, je serais tentée de tromper mon mari mais je me l'interdis » ; etc...

9 – Examiner le contexte dans lequel s'exprime l'humour

Le rire se déclenche face à un propos ou une situation déplacée, osée, indécent. Rire de quelqu'un qui tombe dévoile qu'on ne peut s'empêcher de se réjouir de l'humiliation subie par un autre, ce qui dévoile une part de sadisme.

∞

4 – Analyser ses rêves

Le rêve, par la fonction compensatoire des comportements sociaux, serait le lieu de rencontre privilégié avec l'*Ombre*. Tout ce qui est réprimé, s'exprime librement la nuit. Que l'*Ombre* s'exprime sous la forme d'un monstre ou d'un personnage à l'air sinistre et menaçant, elle indique qu'un aspect important de nous-même cherche à se manifester. L'idée est d'aller à sa rencontre, de l'écouter, l'apprivoiser et s'en faire un allié.

Jung, dans le cadre onirique, considère la fonction transcendante comme un processus naturel, une manifestation de l'énergie générée par la tension entre les contraires. La manifestation de cette énergie trouve ensuite son expression au cours des phénomènes imaginatifs survenant au moment des rêves, des visions et des fantasmes. La confrontation des positions crée une tension énergétique source de vie, une reprise du mouvement issue du suspens entre les opposés, une naissance vivante qui conduit à un nouveau palier, une nouvelle situation. La fonction transcendante apparaît donc comme une propriété des contraires rapprochés.

La fonction transcendante est alors la base sur laquelle les opposés peuvent se joindre en permettant à chacun de conserver sa valeur.
L'analyste est le lieu de passage d'un réseau de liens en tant qu'interprète du langage symbolique, peut jouer un rôle important, en étant le lieu de passage d'un réseau de liens et de ponts projectifs que Freud avait appelés le "transfert", appellation conservée par Jung. Il aidera le rêveur qui tournait en rond dans son malaise psychique. Il favorisera une forme de transmutation, au sens alchimique. Le secret de cette philosophie alchimique, c'est précisément le fait, l'existence de la fonction transcendante, de la métamorphose de la personnalité, grâce au mélange et à la synthèse de ses facteurs conscient et inconscient.

5 – Être attentif à ses fantasmes, passions et rêveries éveillées

Ces éléments de notre monde intérieur, tels que « les instincts de compétition, élans de pouvoir, désirs de richesse, poussée de sexualité,

sentiments d'envie et de jalousie, montées des frustrations sont des percées de *l'Ombre*, affluant à la conscience.
Concrètement ? Il ne s'agit ni d'ignorer l'*Ombre* ni de s'y identifier. L'idée de maintien d'une mentalité dualiste nuit à la croissance de l'individu. Il s'agit donc d'établir un équilibre entre l'*Ombre* et la lumière. L'harmonisation de ces pôles suppose reconnaitre que ces mouvements font partie intégrante de notre dynamique de fonctionnement. Apprivoiser l'*Ombre* revient donc à accueillir et accepter nos imperfections, défauts, déficiences et erreurs.

6 – Identifier ses blessures

Vous pouvez "adopter" l'enfant blessé qui est en vous ou encore identifier les blessures. Nous sommes, en effet, tous à plus ou moins grande échelle, les héritiers de peurs ou blessures existentielles

Retrouver en soi l'enfant blessé : Une blessure reçue durant l'enfance peut conduire à refouler une émotion, un trait de caractère, un talent ou une manière de penser. L'idée est d'identifier en soi la partie blessée de son enfant intérieur et de lui apporter amour, compassion et bienveillance.

11- Dialoguer avec son *Ombre* (initier un dialogue)

Après avoir identifié la personne sur laquelle nous faisons une projection de mépris ou de fascination, nous allons dialoguer avec elle (en l'imaginant assise sur une chaise en face de nous). Nous allons successivement changer de rôles, endossant alternativement notre propre rôle et celui de la personne qui est l'objet de notre projection. L'exercice se termine en prenant une position méta, décrivant ce qui vient de se passer et actant l'éventuelle réconciliation entre ces deux personnes ou, autrement dit, entre les deux traits contraires de notre personnalité.

Imaginez-la comme une personne avec laquelle vous dialoguez. Et positionnez-vous comme un arbitre qui va veiller à réconcilier les deux parties le Moi social (Persona) et le Moi intime (Ombre). Si je crains, par exemple, d'être mise à mal par un client qui viendrait mettre en doute mes compétences, je peux essayer de dialoguer avec l'ignorant qui est en moi, pour améliorer ses compétences et accepter les critiques fondées.

La proposition est, après avoir identifié un aspect de notre *Ombre*, de lui parler intérieurement, puis lui proposer une formule adéquate et acceptable par les deux *Moi* refoulés et conscient.

15- Harmoniser les éléments d'allure contraire de l'Ego-idéal (Persona) et de l'Ombre

Après avoir identifié et accepté les deux traits de caractères opposés, il va devoir les intégrer à votre personnalité et les harmoniser pour constituer un. C'est une phase qui consomme beaucoup d'énergie, car la conscience sera submergée par des émotions et désirs contradictoires et incompatibles qui peuvent l'épuiser et l'étouffer.

Pour commencer il est essentiel d'être conscient de ce processus, celui qui n'est pas conscient de sa cage ne peut pas en sortir. Deuxièmement, le meilleur moyen pour remédier à cela est de sortir de la vision binaire et orienter la conscience vers la logique du ***« Et/Et »*** ('Actif *Et* Passif', 'Méchant *ET* Gentil', 'Introverti *Et* Extraverti'…) au lieu du ***« Ou/Ou »*** ('avec moi *Ou* contre moi', 'd'accord *Ou* pas d'accord', 'Émotionnel *Ou* Rationnel'…), ce travail permet la conciliation et l'harmonisation des traits opposés, nécessitant de la patience et beaucoup d'attention.

Au fond, l'être que nous croyons connaître le mieux, nous-mêmes, abrite un étranger et tout le but du cheminement vers la totalité est d'accueillir cet étranger pour devenir un être complet. Il faut avoir le courage d'accéder à soi-même. Il s'agit d'un processus long et difficile qui peut s'imposer tyranniquement à l'insu de celui qui le subit avec toute la force de la nature.

Ce voyage explorateur au fond de nous-même peut paraître long et effrayant. Mais découvrir la richesse intérieure capable de nous faire vivre pleinement, d'aimer, de lutter et de rebondir dans l'avenir n'a pas de prix. En proposant un chemin de croissance personnelle, un « itinéraire psycho spirituel », marqué par l'acceptation intégrale de soi, de nos grandeurs et faiblesses, intégrer son côté sombre en rassemblant ce qui était autre fois séparée de nous. On reprend à son compte le propos de Carl Jung : ***« il vaut mieux être complet que parfait ».***

L'*Ombre* à toujours le même sexe que là *Persona*/le *Moi*. Elle a une fonction positive : elle compense la *Persona*. Si on cultive ses caractéristiques, le *Moi* s'enrichira de son énergie et l'harmonisera. Au contraire, plus l'*Ombre* sera chassée, plus elle deviendra autonome, acquerra un tel volume de libido qu'elle affaiblira le *Moi*.

4- Intégrer l'Anima-Animus

Contenus inconscients d'une grande puissance énergétique, l'*Animus* et l'*Anima* sont des complexes dont le degré d'autonomie varie avec la distance qui sépare le conscient et l'inconscient. La fonction compensatrice de l'*Animus* ou de l'*Anima* étant alors troublée, un travail de prise de conscience de leurs contenus devient nécessaire. Si ces contenus ne sont pas intégrés et réalisés par le sujet, il s'ensuit une activité négative, de là résultent des anomalies psychiques dont la gravité peut aller à tous les degrés.

Les contenus de l'*Anima* et l'*Animus* sont beaucoup moins facile à discerner que l'*Ombre*, car ils sont plus éloignés du *Moi* (de la conscience). L'*Anima* et l'*Animus* sont des régulateurs influents du comportement de l'individu. Ils fonctionnent donc comme des ponts menant à des images de l'inconscient collectif. Ils sont les Archétypes fondamentaux représentant deux fonctions fondamentales de l'Âme, L'Archétype du *Logos* qui représente *l'Animus* et *Eros* qui représente l'*Anima* :

Logos : Esprit, volonté, engagement, autorité, combativité, puissance, le clair, le chaud, l'été, l'extérieur, le transparent, le plein, la responsabilité, l'action, la force, la concentration, la générosité, l'abondance matérielle, l'autorité, le contrôle, la protection, l'intellect, logique, raison, fermeté, courage, détermination, affirmation de soi, survie, performance, donner, verticalité, action, clarté, compétitivité, dureté, résultats...

Éros : Émotion, sentiment, tendresse, sensibilité, intuition, le sombre, le froid, le profond, l'intériorité, le vide, l'écoute, l'intuition, l'intelligence émotionnelle, la compassion, la douceur, la créativité, le dévouement, le calme, la collaboration, guérissant, patience, pardon, recevoir, horizontalité, repos, mystère, collaboration, flexibilité, méthode/process...

Tant que l'*Anima* ou l'*Animus* restent inconscient, ils se projettent sur des personnages extérieurs à soi pour en acquérir toutes les qualités. Dans la vie courante, la manifestation négative de l'*Anima* induit chez l'homme, des sentiments et des humeurs vagues, de l'irritabilité, une impression d'insécurité et de la susceptibilité, une tendance à l'ironie, aux réflexions venimeuses et destructrices, cela a pour origine une influence négative de la mère. Dans le cas où la relation avec la mère est positive, l'homme a tendance à devenir trop sentimental ou efféminé. L'*Anima* entraine aussi vers les jeux intellectuels stériles et des discussions philosophiques qui excluent la vie réelle. L'*Anima* est la femme idéale de l'homme souvent au cours de sa vie amoureuse, il va désirer une femme qui correspond à la nature particulière de sa féminité inconsciente. Il ira de déception en déception, car en fin de compte aucune femme ne pourra correspondre à cette merveilleuse *Anima.*

Anima et *Animus* par leur aspect positif sont donc des alliés de l'âme, une *Anima* reconnue et intégrée devient *Éros* (énergie féminin universelle), lui conférant l'harmonie se traduisant par un bien être intérieur immense, et un lien relationnel authentique avec le monde extérieur. Pour la femme l'*Animus* devient *Logos* qui lui procurent réflexion, raisonnement, volonté, initiative, connaissance et verticalité. Avec l'archétype de *l'Anima,* écrit Jung, nous entrons dans le domaine des dieux, tout ce qui touche à *l'Anima/Animus* est numineux, c'est-à-dire doté d'une puissance énergétique qu'on ne peut mesurer avec la conscience. C'est pourquoi la confrontation avec les figures intérieures de l'*Anima* ou de *l'Animus* est un travail très exigeant.

La confrontation avec les figures intérieures qui personnifient *l'Anima* et *l'Animus* permet l'intégration de leurs contenus. Si la relation s'établie et le contenu intégré leur emprise disparait, devient alors une simple fonction de relation avec le monde intérieur une passerelle qui mène à l'inconscient, une fonction inspiratrice et créative. La confrontation avec les figures de l'*Anima* et de l'*Animus* est l'étape qui mène au premier contact avec le *Soi* ou l'Archétype du *Soi*, leur emprise disparait lorsqu'elles sont vécues et se révélant comme porteur du *Soi*. Cette intégration représente l'achèvement, apporte un grand pouvoir psycho-spirituel (on peut la retrouver dans les sectes religieuses comme chez les *Soufis* par exemple).

Il peut arriver que l'*Anima* crée une séparation entre l'homme et sa famille, dans ce cas il ne suffit pas à l'homme de reconnaître ses faiblesses pour sortir de cette situation de crise, mais bel et bien de déterminer les causes profondes du désir de séparation…Quelque chose d'inconnu s'est approprié une part plus ou moins considérable de la psyché. Ce quelque chose d'inconnu impose imperturbablement son existence, au premier abord nocive et repoussante, contre les plus grands efforts de bonne volonté, de compréhension, d'énergie et de raison, démontrant ainsi la puissance des plans inconscients de l'être en face du conscient : on ne saurait trouver de meilleure expression que le mot « possession ».

Jung recommander d'interroger et élever le dialogue avec son *Anima,* à la hauteur d'une véritable technique que chacun peut approcher selon la particularité et l'attitude de converser/dialoguer avec lui-même. Si l'homme a le sentiment que sa mère a eu sur lui une influence négative, son *Anima* s'exprimera par de l'irritabilité, de l'incertitude, une impression d'insécurité et de la susceptibilité. Ces humeurs de l'*Anima* peuvent se traduire par un caractère morose, la crainte des maladies et de l'impuissance. Une *Anima* saine et puissante résulte d'une belle image et d'une relation positive à la mère et à la femme. L'homme peut ainsi avoir accès à sa vie intérieure, à ses émotions, à son intuition, concrétiser ses facultés créatives et construire des relations harmonieuses avec les femmes.

∞

« Chez l'homme, l'Anima apparaît sous les traits d'une femme, d'une personne, chez la femme l'Animus s'exprime et apparaît sous les traits d'une pluralité. Si l'homme n'intègre pas son côté féminin il devient très masculin en apparence et très féminin à l'intérieur, si la femme n'intègre pas son côté masculin elle devient à son tour très féminine à l'extérieur et très masculine à l'intérieur. »

Lorsque l'individu arrive à surmonter l'*Anima,* il la transforme en une fonction de relation entre le conscient et l'inconscient, l'*Anima* perd sa partie occulte *mana.* Le terme mana provient de la puissance potentielle occulte, qui confère forces et connaissances magiques. Comme c'est le *Moi* conscient qui a surmonté l'*Anima,* c'est lui qui sera porteur de la personnalité *mana.* Afin d'éviter cette inflation de la personnalité consciente, le *Moi* doit abandonner ses prétentions à la victoire sur l'inconscient. Dès lors le *mana* est transféré entre le conscient et l'inconscient. C'est à dire la maintenir comme un point d'attraction et de repères entre les deux pôles.

Tant que l'*Anima* et l'*Animus* ne sont pas des fonctions de relations entre le conscient et l'inconscient alors ils demeurent des complexes autonomes. Plus un individu à de complexe, plus il est dans un état de possession, si l'individu fait l'effort de prendre conscience de ses contenus inconscients alors il pourra connaître la liberté par la connaissance des racines de ses complexes, il sera libéré.

La personnalité *mana* possède d'une part une connaissance supérieure et d'autre part une volonté supérieure. Il appartient à l'individu de rester simple et prudent face à ce désir de puissance, Nietzsche et Goethe mettent tous deux le doigt sur ce problème de puissance et de domination. La prise de conscience de la personnalité *mana* nous ramène à nous même, cette prise de conscience est au prix de nombreux efforts, l'individu parviendra à aboutir au centre de sa personnalité : ce *Soi* si mystérieux et profond, essence de l'homme et peut-être image de Dieu en nous dans le sens de l'autonomie et de l'indépendance. Il y a du *Soi* au *Moi* la même distance qu'il y a de la Terre au Soleil. L'*Anima* joue alors le rôle de guide et de médiateur entre le *Moi* et le *Soi,* « la femme dans l'homme » qui transmet les messages essentiels du *Soi.*

∞

En qualifiant les contenus psychiques autonomes de divinité nous ne sommes pas loin de la vérité, c'est cette suprématie qui a toujours stimulé les hommes à inventer les choses les plus impensables. Pour conclure Jung admet avoir demandé une compréhension au lecteur qui dépasse l'ordinaire compte tenu de la singularité et l'étrangeté des expériences et des démonstrations tout au long de l'ouvrage. Toutefois conscient de ne pas avoir apporté des réponses définitives il espère que l'ouvrage pourra ouvrir des domaines nouveaux à beaucoup d'esprits.

5- Harmoniser les contraires

A partir du moment où le traitement analytique rend l'*Ombre* consciente, une tension entre deux contraires se crée dans la psyché qui vise à s'équilibrer vers l'unité. Cette opération se fera par l'intermédiaire des symboles et des rêves. La polarité d'opposer est innée et associée à tout ce qu'on vit (naissance/mort ; jour/nuit ; obscurité/lumière ; connaissance/ignorance ; bien être/souffrance ; chaud/froid ; mal/bien…). Dans la psyché de l'individu des traits de caractères opposés l'un à l'autre feront surface.

Pour que les opposés puissent se rassembler, encore faut qu'ils soient reconnus comme tel, ce qui n'est pas le cas dans l'inconscient, donc dans un premier temps, ils doivent être acheminé vers la conscience pour être identifiés, classifiés et séparés. De cette façon uniquement on pourra les réunir. Jung conseille de ne pas s'identifier aux opposés entre les quels le *Moi* est pris, mais plutôt d'appliquer le renversement dans son contraire. Par exemple : L'introverti doit s'y mettre à exprimer des sentiments et l'extraverti des pensées, le solitaire doit essayer de créer des liens avec son entourage et les autres, l'extravertie de s'isoler des autres et passer plus de temps avec soi-même. Le sentiment de manque doit être traiter par la générosité et donner sans attendre de retour, les sentiments de haine doivent être traitées par l'amour et la compréhension, les sentiments de faiblesses et d'infériorité doivent être traitées par des actions de force et de dureté…et ainsi de suite. Dans ce processus il est essentiel de sortir de la logique du *« Ou-Ou »* et accède à la logique du *« Et-Et »,* cela veut dire adopter un état d'esprit ou deux contraire peuvent cohabiter sans contradiction ou confusion, dépendant des circonstances internes et externes *(aimer et haïr ; exprimer ses*

∞

émotions et les cacher ; travailler et se reposer ; se donner aux autres et prendre soin de soi ; agir et méditer ; s'isoler et s'ouvrir...), accepter que l'apparente contradiction est en fait complémentarité et que le *Et* peut remplacer le *Ou (j'aime te parler et j'aime ne pas te parler ; j'aime être avec ma famille et j'aime être ailleurs ; j'aime prendre de tes nouvelles et j'aime ne rien savoir sur toi ; j'aime le tout et j'aime rien...).* Ma colère est légitime bien que mon geste violent soit intolérable.

Pour Jung, l'harmonie des contraires est ressentie comme un moment de grâce. L'acceptation succède au combat, or seul l'amour peut permettre cette réconciliation, c'est dans l'amour que les contraires entrent en harmonie et en complémentarité. En gardant à l'esprit que l'Homme ne pourra jamais comprendre le tout, l'amour est l'un des plus grand mystère, y'a pas de vie sans amour et pas d'amour sans vie, elle renvoie à la Divinité, Dieu est Amour.

Dans cette aventure existentielle, l'Homme dans sa véritable nature, atteint son plein potentiel, comprend sa raison d'être et à quoi il inspire, tout en étant relier avec lui-même, les autres et l'univers.

L'Ego

L'*Ego* est le véritable frein au dépassement de *Soi*, au développent et l'épanouissement de l'individu, il emprisonne, enchaine-le-Moi et l'empêche de faire face à sa propre réalité. Son rôle est d'assurer la survie du *Moi* par toutes les diligences possibles même au détriment de son bien-être et propres intérêts, comme disait Ryan Holiday : l'*Ego* est l'ennemi ! la cause fondamentale du conflit et de la division.

Une confiance en soi excessive, une fierté exacerbée, une obsession de perfection, une attitude défensive, un fort désir d'être reconnus sont les symptômes des racines de l'*Ego*. Se positionnant au-dessus de l'autre, nous donnant l'impression d'être un exceptionnel, de détenir la vérité, de penser bien, alors que pour lui, les autres manquent d'objectivité, d'ouverture d'esprit, de justesse. Cette dimension de l'*Ego* est enfermée, peureuse, frustrée, jalouse, arrogante, méprisante, clivante, belliqueuse, rigide, séparatiste, exigeante, impérative...si votre impulsion est d'affirmer votre *Ego* et les valeurs de votre *Ego* de telle manière que vous détruisez d'autres personnes, vous êtes encore animé par *l'Ego,* par votre supériorité personnelle et ce que vous croyez être votre singularité, et non par la compassion.

Tous les conflits et leur impossibilité de résolution tiennes à l'*Ego*, *L'Ego* est l'obstacle majeur de l'évolution, racine du conflit, une entité autonome séparé du *Moi*, le domine et assure la survie de la *Persona*, comme la *Persona* et le *Surmoi*, faisant partie de la sphère consciente du *Moi*, l*'Ego* est une instance à la fois consciente et inconsciente modelée et formée en partie par le *Surmoi.* La *Persona* est une image crée par l'*Ego* pour nous permettre de nous couler sans heurt au sein de notre communauté ou de se conformer à une image accepter par son monde intérieur notamment par le *Surmoi*, cette image proche ou identifier à *l'idéal du Moi*, peut s'opposer catégoriquement aux attentes de la société et normes sociales.

Quand le masque social est conforme aux normes extérieures, il est stimulé par les pulsions du *Ça*, en revanche quand la *Persona* est conforme aux exigences intérieures, elle est identifiée à *l'idéal du Moi*, simulée par un *Surmoi* intransigeant. Car si l'*Ego* et la *Persona* renvoient une image de nous-mêmes au monde extérieur, L'*Ombre* et l'*Anima* est l'image intérieur que nous avons du monde extérieur. Si *l'Ego* est ce que vous croyez être, l'*Ombre* est ce que vous croyez ne pas être.

Cependant, *l'Ego* n'est pas conscient de l*'Ombre*, ce qui est vrai de vous-mêmes demeure inconscient. *L'Ombre* dépend de *l'Ego*, la nature de *l'Ombre* est une fonction de la nature de l*'Ego* ; ce qui nous est donné dans l'*Ombre* est le produit de *l'Ego,* tel *Ombre* pour tel *Ego.*

L'*Ombre* est tout ce que nous ne pouvons pas exprimer dans le monde, ou même admettre à nous-mêmes. Tant que nous n'apprenons pas à accepter *l'Ombre* et à développer ses énergies, nous sommes possédés par elle, la vanité de *l'Ego* est sa propre suffisance. La survie du couple *Ego/Persona* exige donc le rejet absolu de *l'Ombre*, car la société ne soutient en aucun cas une réconciliation avec *l'Ombre.*

∞

Jung explique que la psyché réprime *l'Ombre* parce qu'elle est un problème moral qui met en cause *l'Ego* de la personnalité. *L'Ego* a besoin d'être accepté, approuvé, respecté, valorisé, il vise à plaire, il doit donc rejeter les impulsions, les sentiments et les pensées qui mettent en danger son existence. *L'Ombre* n'est pas seulement menaçante du fait qu'elle peut vous exclure d'un cercle social, mais aussi être rejeté par soi et de ne pas l'accepter, en fin de compte qui voudra prendre conscience et admettre sa propre médiocrité. Cela signifierait la désintégration et sentiment de perte identitaire - dépersonnalisation.

L'Ego assure sa survie par le conflit, il cherche à nous convaincre de la nécessité de la dualité, indispensable à sa survie, ainsi que de la souffrance de l'existence. Tant que nous croyons que la dualité est réelle, l'existence de l*'Ego* est sûre, grâce à elle, *l'Ego* met en place une stratégie pour singulariser, de se rendre indispensable et d'éviter sa disparition. *L'Ego* ne se soucie pas particulièrement de savoir comment ou de quelle manière il est rendu spécial, seulement qu'il soit reconnu comme unique et exceptionnel. Il n'est bien sûr pas possible d'éradiquer le mal et la souffrance dans le monde, ce n'est pas quelque chose que *l'Ego* aime entendre : tant qu'il croit que le mal peut être vaincu, il peut maintenir sa croyance en la dualité, en la spécificité de l'individu et la supériorité.

L'Ego est un féroce justicier, que ce soit par le débat, la remise en cause des faits ou l'humiliation. *L'Ego* a de nombreuses stratégies par lesquelles il cherche à être exonéré de la dissolution. Certains *Ego* préfèrent dominer, contrôler, se heurter, contredire, se révolter : *Je suis le plus beau et le plus fort, mettez-vous à genoux et servez-moi,* d'autres cherchent la victimisation, avec un excès de gentillesse en se faisant petit, pitoyable et faible espèrent ainsi gagner l'empathie et l'amour d'autrui : *Regardez, je suis bon, gentil et serviable, faites-moi confiance et aimez-moi surtout.*

Généralement *l'Ego* empreinte souvent le chemin de la droiture, une bonne cause pour assurer sa propre survie et celle de la *Persona*, meilleur moyen pour retarder la dissolution, car si *l'Ego* peut renier *l'Ombre* c'est qu'il a un argument puissant pour être épargné. En effet, être sur la défensif avec les autres est un mécanisme pour éviter votre propre *Ombre*, cette panique défensive est *l'Ego* qui résiste à regarder *l'Ombre,* car dans cette introspection, la perspective, l'opinion ou le comportement blessant sont ceux précisément de l'*Ombre* et qui se manifestent par l'autre qui ne les vise pas expressément, et votre instinct est de les rejeter violemment. Ainsi, *l'Ego* a retenu l'identité la plus flatteuse et la plus avantageuse pour convaincre le *Moi* de sa singularité.

En quelque sorte, *l'Ego* est la somme de nos actions, non telles que les autres perçoivent, plutôt telles que nous les comprenons, c'est notre regard que nous portons sur nos actions et non le jugement d'autrui. C'est la raison pour laquelle, de nombreuses personnes, par exemple, se sentent plus en sécurité en contrôlant leurs interactions avec les autres par le biais de la colère, de l'évitement, de la flatterie ou de la manipulation.

Affronter *l'Ombre* signifie la destruction du monde que nous avons construit, accepter son *Ombre* comme réelle, c'est révélé *l'Ego* comme une illusion anodine, et votre identité serait gravement ébranlée, voire brisée. C'est la survie même de *l'Ego* qui est en jeu, effectivement la mort de *l'Ego* permet la renaissance du *Moi*.

∞

Dynamique

Parvenir à être soi-même implique un déplacement intérieur du moi-persona au moi-en-soi-même, ce déplacement se réalise par des flux et des reflux, des mouvements progressif et mouvement régressif, la conjonction des deux mouvements permet d'obtenir la différenciation grâce à la force que l'on extrait de l'indifférenciation. Le déplacement de l'individuation se réalise en progressant, en régressant et en reprogressant, pas à pas.

1/ Si le Moi est positionné très près de l'Inconscient collectif :

- Le monde est fortement irrationnel se développant par la faculté d'imitation
- Le mode de pensées est délire ayant la sensation des archétypes
- Le mode d'être est la folie son style est prophétiques
- Privilèges : Visions totales intriquées avec les émotions
- Difficultés : Le simple bon sens est problématique, le vrai du faux, la réalité et la pensée deviennent indiscernables.

2/ Si le Moi est positionné entre l'inconscient collectif et l'inconscient personnel :

- Le monde est faiblement irrationnel se développant par la faculté d'analogie
- Le mode de pensée est le rêve ayant l'intuition des mythes
- Le mode d'être est la possession, son style est l'adoration
- Privilèges : Visions ou les archétypes se personnifient sous forme de croyances mythologiques ou religieuses
- Difficultés : Impossibilité de comprendre la causalité sans y adjoindre des croyances superstitieuses

3/ Si le Moi est positionné entre l'inconscient personnel et le Soi :

- Le monde est faiblement rationnel se développant par la faculté d'invention
- Le mode de pensée est la création appréhendant par le sentiment de l'art

- Le mode d'être est la solitude, son style est celui du medium
- Privilèges : Découverte des valeurs esthétiques, révélation du beau
- Difficultés : Fuite dans un monde incommunicable

4/ Si le Moi est positionné près du Soi :

- Le monde est fortement rationnel se développant par la faculté de la logique
- Le mode de pensée est le raisonnement donnant des explications des savoirs
- Le mode d'être est l'aliénation, son style est dogmatique
- Privilèges : vivres les illusions d'un monde totalement compréhensible
- Difficultés : Les archétypes sont niés par la logique et ressurgissent de manière incontrôlable. La dimension spirituelle est minimisée ou supprimée.

Le *Soi* marque l'ultime étape du difficile chemin de l'individuation, après les nombreuses régressions indispensables aux progressions, le *Soi* est la progression parvenue à son terme. Jung l'appelle aussi le processus d'individuation, l'émergence du *Soi*. L'éclairage du *Soi* signifie, pour la personne consciente, non seulement une translation vers le centre psychique, mais aussi une transformation absolue de l'attitude devant la vie, un renouvellement de toute la personnalité. Cette expérience fait naître une conscience nouvelle, participant plus amplement dans le monde des objets, une conscience neuve capable de se mettre à la place de l'autre, en son intérieur, conscience amplifiée qui place l'individu dans une relation indissoluble à l'objet et au monde extérieur.

L'homme a alors résolu le problème de sa relation avec les deux réalités : la réalité extérieure et la réalité intérieure. Ce qui ne signifie pas que ce développement psychologique nous conduit dans un état sans souffrance. La souffrance et les confits sont propres à la vie, ce sont les attributs naturels de tout être humain et c'est lorsque l'on cherche à y échapper que survient la maladie. Ce qui est vrai, par contre, c'est que l'homme individué ne s'émeut pas devant les évènements, il n'est affecté que dans les plans intérieurs de son être, dans les évènements extérieurs, il demeure impassible. Il a acquis ce que les anciens appelaient la force d'âme. Il peut paraître, de l'extérieur, asocial ou anti social car des forces lui permettent de nager à contre-courant des valeurs individuelles, surgissant du *Soi,* lui rendent impossible de satisfaire ceux qu'il aime ou de réaliser ce que ces personnes aimeraient qu'il fasse. La transformation de l'être et son individuation lui permettent de découvrir une autre vision cosmique, sa position dans le cosmos a changé radicalement, il vit en fraternité mystérieuse avec la nature, les astres et l'univers...peu sont nombreux à franchir cette étape, car ce sentier est aussi étroit que le fil d'une lame.

C'est en vivant dans le monde dans l'état d'hyper conscience, que l'être humain atteint ensuite l'illumination et la réalisation pour vivre l'ascension.

+ ***Toute expérience de perte, perte émotionnelle, matérielle ou psychique (Persona), conduit inévitablement à la dépression :***

Pour sauvegarder la stabilité mentale, et même la santé psychologique, il faut que la conscience et l'inconscient soient intégralement reliés, afin d'évoluer parallèlement. S'ils sont coupés l'un de l'autre, ou dissociés, il en résulte des troubles psychologiques.

A cet égard, les symboles de nos rêves sont les messagers indispensables qui transmettent les informations de la partie instinctive à la partie rationnelle de l'esprit humain, et leur interprétation enrichit la pauvreté de la conscience, plus la conscience se trouve influencée par des préjugés, des erreurs, des fantasmes et des illusions plus s'élargit le fossé déjà existant jusqu'à la dissociation névrotique, amenant une vie plus ou moins artificielle, très éloignée des instincts normaux, de la nature et de la vérité.

La dépression est cette masse sombre et opaque de l'*Ombre* qui ravage la conscience et qui surgit de l'abime, cette chose obscure effraie au point que vous ne voulez plus y descendre. Ainsi, ce voyage du héros est l'aventure désirée et redoutée de la découverte de soi. Lorsque le héros quitte les frontières de son environnement et franchit le seuil de l'esprit conscient vers l'inconscient, il s'expose ainsi au risque de l'inconfort et au danger de l'inconnu. Pour qu'il y ait une véritable confrontation entre le conscient et l'inconscient du sujet, il est important que son conscient soit capable d'avoir un point de vue ferme et soit capable de s'opposer à l'inconscient, dans certains cas il est important que le sujet puisse se laisser envahir de façon contrôlée par son inconscient. En effet il ne s'agira pas d'un relâchement mais bien au contraire d'un exercice bien difficile à travers lequel le sujet ira à la rencontre de lui-même. Jung préconise ainsi de faire parler ses sauts d'humeurs et de s'entretenir avec elles afin de pouvoir les comprendre et les canaliser pour les contrôler à bon escient.

A ce propos Jung rappel au lecteur qu'il ne s'agit pas de sa démarche de soi mais d'un processus rare et individuel permettant à certains élus de métamorphoser leurs personnalités. Celui-ci ne pourrait être provoqué de manière artificielle. Comme le souligne Nietzsche « Tu cherchais le fardeau le plus lourd, c'est alors que tu t'es trouvé toi-même ».

Tout ce qui échappe à la conscience est hors portée de la correction, la nature veuille à ce que les contenus inconscients surgissent tôt ou tard à la conscience est créés la confusion nécessaire. Il a tout autant de personne qui deviennent névrosés parce qu'elles sont simplement normal, que des personnes qui sont névrosés parce qu'ils ne peuvent pas devenir normal, que l'idée d'éduquer les gens à la normalité puissent entrer à la tête de qui que ce soit est un cauchemar pour les gens qui souhaitent mener des vies anormales, car leur besoin le plus profond est réellement de pouvoir mener des vies différentes. Il est certain de garder à l'esprit que certains d'entre nous ne sont pas fait pour être normaux, leur profond besoin est une existence anormale, afin d'être en bonne santé, ou comme Jung écrit : parmi les névrosés, plus d'un qui n'a besoin de rappel pour ses devoirs et obligations sociaux mais qui est né et destiné à être porteur de nouveaux idéaux culturels, ils sont névrosés tant qu'ils s'inclinent devant l'autorité et rejettent la liberté à laquelle ils sont destinés.

Les sociétés sont profondément injustes et entretiennent impitoyablement diverses formes d'oppression systémique, les opportunités ne sont pas distribuées de manière égale, et beaucoup sont maintenus sous le talon de fer des classes supérieures. Il n'y a rien de mal à consacrer son énergie à la lutte contre ces inégalités, mais cela ne sert le plus grand bien que si nous agissons à partir d'une véritable compassion et non de l'addiction et de l'obsession de *l'Ego* pour sa propre douleur, car la survie de *l'Ego* dépend de la poursuite de la souffrance.

Nous risquons de sacrifier notre propre liberté, notre bonheur authentique pour maintenir une image publique et sociale favorable. Cette constante de reconnaissance extérieure peut nous éloigner de nous-même et de ce qui est vraiment important pour notre épanouissement existentiel. La possibilité de vivre en accord avec notre personnalité, en utilisant notre temps d'une manière qui nous correspond, prédispose à la satisfaction et au contentement. En d'autres termes, en embrassant qui nous sommes vraiment et en agissant en harmonie avec notre nature intérieure, nous créons une vie fertile au gout de la joie et du bonheur.

Les Rêves :

Le rêve est à la fois un médiateur, une représentation théâtrale mettant en scène la situation du rêveur telle qu'elle est perçue au niveau de l'inconscient et le décor dans lequel se présentent les représentants du *Soi.*

Les rêves sont classés de la manière suivante d'origine **naturel**, certains d'origine **humain**, quelques-uns d'origine **divin**.

Il dénombre quatre **causes** et quatre **significations** des rêves :

+ **Causes :**

- Un dérangement physique ou psychique
- Un trouble émotif ou passionnel
- Une intervention démoniaque
- Un cadeau de Dieu

∞

+ **Significations :**

- La première, et la plus simple, est que le rêve représente la réaction consciente à une situation inconsciente. Ce genre de rêves a pour origine les événements du quotidien ;

- Le deuxième cas concerne une production plus ou moins spontanée de l'inconscient. Il s'agit là d'un conflit, entre la conscience et l'inconscient ;

- La troisième est celle où le rêve représente la tendance de l'inconscient à vouloir transformer l'attitude consciente. Ces rêves destinés à transformer l'attitude du sujet, rêves que nous allons rencontrer dans les séries de rêves ;

- La quatrième, s'agit d'une production spontanée de l'inconscient, qui laisse alors libre cours à tout son potentiel d'activité et de signification, ces rêves sont souvent impressionnants. Dans l'antiquité on les considérait comme des oracles, l'inconscient apparaît dans ce cas comme une puissance créatrice apportant une solution à un dilemme ou à un problème persistant dans la conscience.

En règle générale, un rêve appartient à une série de rêves, il existe une continuité, abstraction faite qu'elle est régulièrement interrompue par le sommeil, de même il existe apparemment une continuité dans la suite des processus inconscients. Cette continuité dont font preuve les déroulements inconscients est peut-être encore plus marquée que dans les phénomènes conscients. En tous cas, mon expérience se prononce en faveur de cette analyse, les rêves sont les maillons visibles d'une succession d'événements inconscients.

L'intervention active de l'intellect annonce une nouvelle phase du processus inconscient. La conscience va être en mesure d'affronter les figures de la femme inconnue représentant l'*Anima* et de l'homme inconnu représentant l'*Ombre*. Il y aura encore des régressions, des moments de grande tension et même des combats.

∞

Le vieux sage, et d'autres ambassadeurs d'un *Soi* poursuivant inlassablement son projet, tenteront de favoriser l'union entre les opposés. Ce mouvement est indispensable pour générer une vision harmonieuse, destinée à favoriser le besoin d'équilibre et de synergie souhaité inconsciemment et consciemment par le rêveur. Au cours de cette deuxième partie, certains processus entamés se poursuivent. Mais il se produit une accélération, et les affrontements vont devenir plus angoissants pour le *Moi* conscient du rêveur.

Le vieux sage est représenté comme une figure paternelle plus âgée, qui se sert de son savoir et de son expérience pour aider et guider les protagonistes. Le vieux sage vient souvent délivrer un message pour le rêveur, ce message indique le chemin que le rêveur doit prendre, cela concerne souvent une décision difficile à prendre pour trancher. Évidemment, cela n'a aucun caractère prémonitoire, c'est une partie de l'inconscient du rêveur qui lui parle et affirme sa capacité d'indépendance vis-à-vis des contraintes extérieure - ne plus être le produit de ses principes, les mettre en quarantaine.

L'imagination active nous permet de nous intégrer avec les processus inconscients et réunit ainsi le conscient et l'inconscient. L'imagination active est l'un des piliers de la pratique de la psychothérapie jungienne, fondée sur la confrontation du sujet avec ses contenus inconscients, dans un dialogue ouvert. Elle repose sur une fonction essentielle de la psyché, la fonction transcendante. Pour résumer : Les images venues de l'inconscient placent un homme devant une grande responsabilité. Ne pas les comprendre ou fuir la responsabilité éthique le prive de sa totalité et impose un caractère péniblement fragmentaire à sa vie. L'imagination active devient ainsi l'expérience solitaire d'un individu libre mis en relation avec lui-même.

L'imagination active laisse advenir au conscient les premières manifestations spontanées venant de l'inconscient, constituées principalement d'états d'esprit, d'émotions, ressenties, des images et des sensations physiques. L'imagination active permet de donner une forme sensible aux contenus inconscients et de s'y confronter dans le cas où est ressentie une perturbation émotionnelle. Il s'agit de fixer son attention sur cette émotion et sur les images, ainsi que sur ce flot incessant de fantasmes issu de l'inconscient, qui y sont associées, puis de les laisser se développer librement, dans un état de rêverie semi-contrôlé. Durant ce processus, le *Moi* doit adopter une méthode active, sans influencer le déroulement des images, reste partie prenante et garde une position neutre. Il devient ainsi détenteur de ces processus inconscients en se laissant pénétrer et saisir par eux. Il faut donc la distinguer de la rêverie passive, active ne signifie pas pour autant que le conscient doit intervenir et diriger. Dans la conception de Jung en effet seules les images sont actives, elles guident par leur libre développement et train des fantasmes. Il s'agit donc davantage d'une méthode de médiation par l'image qui permet de représenter l'inconscient comme un partenaire réel.

5 étapes pour réaliser l'imagination active :

1- **Établir le calme en Soi :** Établir le calme sans se laisser dériver sur le flux ininterrompu de pensées qui s'écoulent. Pour se faciliter la tâche, en position assit ou allongé (chacun trouvera la méthode qui lui conviendra le mieux). L'essentiel est d'être allaise dans sa position et isolé du bruit extérieur. Commencer par effectuer des respirations profondes et conscientes tout en restant concentrer sur la pratique *(se concentrer sur son souffle de vie peut aider à se détendre tout en gardant le Moi connecté).* L'importance de cette première étape est de rester pleinement conscient et de ne pas vagabonder et s'égarer dans le flux d'idées et pensées qui essaieront de ravager la conscience.

2- **Se concentrer et laisser advenir :** Se concentrer ensuite sur l'humeur, l'image de rêve, qui se présentera comme point de départ, il s'agit d'accepter ce qui advient à l'esprit sans juger, que ça soit un son, une image, une parole…contrairement à la première étape cette étape ne nécessite pas une concentration figée mais bien au contraire de laisser défiler tout ce qui advient à la conscience. Laisser advenir est un art ou la matière première parait méprisable et facile à rejeter.

3- **Dialogue :** Rare ceux qui parviennent à cette étape dès les premières séances, cela nécessite de la pratique et du lâche prise...Le dialogue peut être initié naturellement une fois que la conscience aurait atteint une certaine lâche prise suffisante extérieure et une profondeur intérieure, souvent des images ou objets identiques referont surface à plusieurs reprises au cours de la même séance ou se figeront sans effort de la conscience et c'est en ce moment que la conscience doit intervenir pour comprendre le sens et initié le dialogue. A noter que l'expression de l'inconscient peut se faire par l'intermédiaire d'activité artistique. Le plus important c'est qu'à la fin de la séance il est nécessaire d'impliquer ce qui semble apporter une solution à une question paradoxale.

4- **Prendre note et de réaliser l'imagination :** Après chaque séance prendre note des conclusions retenues et prévoir comment les appliqués dans la vie du quotidien. Tout comme les séries des rêves, les séries de l'imagination actives ne sont pas isolés mais plutôt liés et enchainées, consacrées 15 à 20 min par jour est suffisant.

Le chemin de l'individuation est long et semé d'embuches, Jung explique pas à pas les différents risques liés à l'exploration et la mise au grand jour des ressources de l'inconscient. L'individuation est réservée à quelques-uns, poussées par une nécessité intérieure à explorer toujours plus en avant ce qu'ils sont. Il est d'ailleurs difficile d'ignorer les appels de l'inconscient, à travers d'obsessions, d'angoisses, bref de symptômes généralement associés aux névroses, qui sont finalement et avant tout, des invitations directes de notre inconscient à entamer le dialogue. Jung nous invite à devenir responsable de notre vie en prenant conscience de nos actes et à interagir de façon authentique et vraie avec les autres. La spiritualité est l'acte qui permet l'achèvement de ce processus.

Jung et Dieu :

« Ce n'est pas sans motif que j'ai moi-même attendu d'avoir soixante-seize ans avant d'oser réellement me rendre exactement compte de la nature de ces représentations supérieures qui décident, de façon infiniment importante pour la vie quotidienne, de notre comportement éthique. » ***Carl Gustav Jung***

∞

Pour Jung, le *Soi* n'est pas seulement *moi* mais Dieu, c'est l'*Esprit* qui relie l'univers et en fait partie. C'est le tout cohérent qui unifie à la fois le conscient et l'inconscient. Pour lui le processus d'individuation, permet la renaissance du Moi et le retour à la totalité, retour à la naissance, avant que nous ne commencions à diviser notre *Moi* en plusieurs parties, où tous les aspects sont réunis en un seul.

Dans ce contexte complexe, les réflexions de Jung dans ce domaine sont vraisemblables à la définition de la religion monothéiste des composants métaphysiques de la création humaine, Jung a dû plonger sa conscience dans le miroir de son âme, dans le plus profond de son être et gouter ainsi à une carence de notre identité divine. Selon la tradition religieuse monothéiste, Dieu après avoir créé le corps physique celui d'Adam, a soufflé de Son souffle éternel, pour lui donner vie. Puis la femme, Ève a été par la suite détacher *d'Adam*, c'est-à-dire créer de lui-même de son côté gauche, celui du cœur. Ce qui spécifiquement coïncide spécifiquement avec l'analyse julienne, reflétant que l'homme en lui y'a un aspect féminin *« Anima »* et la femme un aspect masculin *« Animus »,* et que davantage l'homme contient un aspect féminin plus important que l'aspect masculin chez la femme, puisque la femme fait partie de l'homme, et pas l'inverse. Ce qui veut dire que l'homme contient en lui l'énergie féminine dans son intégralité, la raison pour laquelle l'homme peut appréhender l'ensemble de l'énergie féminine, contrairement à la femme qui ne peut appréhender qu'une bonne partie de l'énergie masculine mais pas son intégralité. Cela ne signifie nullement que l'homme est supérieur à la femme, c'est une question qui revient au naturel, à la source, comme l'eau peut atténuer et contenir le feu, le feu peut contenir qu'une quantité inférieure d'eau.

Dans ce sens, ***l'Esprit*** qui englobe la totalité, qui en elle-même le reflet de la totalité-absolu, englobe ***l'Âme (Nafs)*** et ses contenus. D'autre part, la réflexion et l'expression assez détaillé de la relation du ***Moi*** au ***Soi*** ou inversement du ***Soi*** au ***Moi*** est étroitement similaire à la définition religieuse monothéiste de l'esprit humain, qui la définit comme ***Rouh/Esprit*** ou souffle Divin.

∞

Nafs/âme :

L'Âme dépasse notre conscience intellectuelle ou model de pensées rationnelles, elle englobe les sensations, sentiments et ressenties ainsi que nos acquis et expériences avec le monde extérieur, elle peut évoluer vers des états d'âme supérieurs ou régresser vers des états inferieurs. La transformation passe par trois phases d'évolution principales : ***Nafs al ammâra/Nafs tentatrice, Nafs al lawâma/Nafs du remord, Nafs al moutmaïna/Nafs apaisé*** et d'autres transitoires que nous allons développer ultérieurement.

Nafs (âme) tentatrice : Dans sa phase primitive qui ne comble que ses désirs et instincts primaires, obsédée par la satisfaction du corps matériel, elle incite au mal, alimente les aspects du *Moi* inférieur (l'orgueil, la tromperie, l'hypocrisie, l'avarice, l'avidité, la cupidité…).

Nafs du remord : Incite à se détacher des mauvaises actions et à ouvrer pour le bien de soi et des autres, à ce stade l'individu prend conscience et devient responsable de ses actions.

Nafs apaisée : Le stade spirituel suprême, l'âme est débarrassée de ses fardeaux de la vie ici-bas, abaissée, consciente du rôle de son existence et de sa raison d'être, elle atteint enfin le repo, reposé et apaisé de toute ses souffrances ; L'*Âme* devient en paix avec elle-même et le monde qui l'entoure, dans le pardon, la compréhension et l'acceptation.

L'*Âme* du remord ou autocritique a été identifiée porteuse de la conscience, conduisant à une prise de conscience de ses actes et actions, permettant de comprendre qu'elle est coupable ou troublée.

La première phase se développe en la deuxième, lorsque le voyageur accomplit la droiture et s'exerce dans la discipline ascétique et dans la lutte spirituelle (al moujahadah). Ce *Moi* est conscient de ses propres imperfections, il regrette ses maux et ses défauts, mais il n'est pas complètement coupé des maux. Le troisième et plus haut stade primaire de développement est appelé Nafs moutmaïna *« le Moi en paix »*. Ce *Moi* se développe à ce stade lorsqu'il accomplit progressivement la droiture, atteint la proximité divine et applique les lois sacrées de la Shari'ah (Loi divine) si rigoureusement que la Shari'ah devient sa nature et développe un rejet sans effort et naturel pour tout ce qui est contraire à la Shari'ah, à la volonté de Dieu, le titre du *Moi* à ce stade est mutmaïnnah.

Selon la tradition *Soufi*, on ne peut atteindre *Nafs* apaisé/moutmaïna uniquement en passant par la purification de l'âme qui est Nafs du remord, *Nafs* Laouama. Cette purification peut être assimilé à l'intégration des contenus inconscients, les combats et luttes de la conscience contre les obscurités méconnues de l'inconscient. L'islam insiste sur l'importance de la lutte contre *Nafs*…lors d'un retour d'une longue bataille victorieuse, d'une grande guerre, le Prophète Mohammed, dit à son armé, « Cependant ne revenons de la petite lutte (petit Jihad), pour aller vers la grande lutte (grand Jihad) » ; Ses compagnons demandèrent alors avec étonnement : *« Oh Prophète de Dieu, est qu'est-ce donc la grande lutte ? »* ; Il répondit *:« c'est la lutte contre Nafs »*. La lutte contre soi-même, contre sa propre âme impure et prisonnière de son égo, ses désirs et passions.

Le cheminement de l'*Âme* s'exprime en degrés de connaissance et de capacité d'intellection ou d'intelligence de plus en plus affinée et élevée de l'appréhension du réel. Dans le cheminement spirituel, on considère que l'*Âme* passe par plusieurs degrés de connaissance ou de conscience. Il y a en réalité dans ce cheminement intérieur une transformation continue de notre état de conscience, mais aussi cependant des stations spirituelles *(maqamat),* qui définissent une certaine typologie de l'Âme, telle qu'elle est évoquée dans le Coran.

On pourrait esquisser la description de ces sept degrés de conscience selon la hiérarchie suivante, qu'on peut retrouver dans le soufisme :

1. L'âme tentatrice (nafs al ammâra) : l'âme incitant au mal, à moins qu'elle ne soit touchée par la grâce de Dieu. Ce degré inférieur du Moi ignorant, se caractérise par certains attributs psychologiques tel que : la cupidité, l'avidité, la tromperie, la négligence, l'arrogance, le désir de contrôler autrui, la recherche de la célébrité, l'envie et l'action inconsciente. *« Je ne cherche pas à me disculper. L'âme bestiale incite au mal à moins qu'elle ne soit touchée par la grâce de Son Seigneur. Dieu est totalement absoluteur et miséricordieux ». (Cor. 12/53)*

2. L'âme qui se blâme (an nafs al lawâma) : l'âme dans le blâme, ressasser des pensées d'une façon incessante, l'esprit de contradiction, la tendance à déprimer, d'une façon qui peut sembler paradoxale, un certain narcissisme. « ***Je ne jure point de l'âme qui se blâme (qui se reproche) * L'Homme pense-il que Nous regrouperons plus ses os * Hélas, Nous sommes capable de refaire parfaitement ses bouts de doigts (Faisant référence aux empreintes)*** » **(Cor. 75/2-3-4)**

3. L'âme inspirée (an nafs al mülhama) : l'âme dans la conscience dont les qualités sont les suivantes : la science, le détachement, le contentement, l'humilité, la dévotion, le retour à Dieu, la patience, l'endurance et l'acquittement de ses engagements. ***« Par une âme ! Comme Il l'a modelée dans une harmonie parfaite * Il lui a inspiré son immortalité et sa piété * Heureux celui qui l'a purifié * Malheureux celui qui la délaissé » (Cor.91/7-8-9-10).***

4. L'âme apaisée (an nafs al moutmaïna) : Dont les vertus spirituelles sont la sagesse, la générosité et le don, l'abandon intérieur et la reconnaissance des dons divins. ***« Ô âme confiante (apaisée), retourne vers ton Seigneur satisfaite et agréée*entre parmi Mes esclaves* Et entre dans mon Paradis » (Cor.59/27-28-29-30)***

5. L'âme satisfaite (an nafs al râdiya) : Caractérisée par un sentiment profond de plénitude et de gratitude, la loyauté envers ses engagements. Le renoncement, la sincérité et la libération de tout ce qui est autre que Dieu (ikhlâs).

6. L'âme agrée (an nafs al märdiya) : Elle se distingue par la proximité de Dieu, la noblesse de caractère, la délicatesse d'esprit (lutf), compassion envers toute création et une méditation constante sur la Magnificence infinie du Créateur.

7. L'âme accomplie (an nafs al kâmila) : Se caractérise par l'accomplissement et la synthèse de l'ensemble des qualités précédentes. Pour les soufis, celle-ci que fait référence le hadîth prophétique 'J'ai été envoyé pour parfaire la noblesse des vertus' : **« Il a été pour vous dans le Messager de Dieu un bon modèle pour quiconque espère en Dieu ; et le jour dernier ; et invoque Dieu très souvent » (Cor. 33/21)**.

C'est en ce sens que nous trouvons dans le soufisme, et aussi dans une grande part de la philosophie islamique classique, ces différents degrés d'approfondissement de l'intelligence spirituelle et intellectuelle, dont le but d'atteindre l'intelligence universelle, qui en partie s'exprime librement dans tout le cosmos.

La spiritualité monothéiste est un vaste domaine, qui englobe la vie tout entière du croyant, elle est fondée sur quatre piliers qui sont :

- **La foi (al Iman, la croyance) :** Croire en un créateur suprême, unique et universel, en Ses livres, en Ses messagers, au jour du jugement et à la vie de l'au-delà. Cela inclus la non association, l'adoration du créateur unique (non la création) ; la méditation et la contemplation de la création.
- **L'Islam (la pratique de la foi) :** L'Islam qui de base advient du nom arabe *Salam-Paix* ou encore *Istisl'am-Soumision,* soumission totale à la Divinité, en pratiquant la foi conformément aux attributs de l'adoration.
- **La conviction (Al Yaqin, la conviction absolue) :** La certitude inconditionnée ni par le temps, ni par l'espace de la Suprématie Divine, de vivre ce haut degré de conscience et de ressentir Cette présence dans chaque seconde de son existence. Cela ne peut advenir à l'esprit que par l'élévation de l'*Âme* à des stades avancés dans son cheminement.
- **L'excellence (Al Ihsan) :** Le niveau suprême d'adoration, le croyant parfaitement conscient de sa vie éphémère, craint la désobéissance et ne vit que pour satisfaire le Créateur par l'adoration et l'amour. L'*Âme* accède à un bonheur transcendant les biens matériels, un bonheur constant et durable, peu importe

les conditions ou les circonstances de vie, est dont son essence est l'amour et la satisfaction d'*Allah*.

Allah a honoré l'Homme en lui insufflant de Son Esprit. L'Esprit d'Adam est un souffle divin comme l'affirmait le Coran : "***Quand Je l'aurai bien formé et l'aurai insufflé de Mon Esprit ; abandonnez-vous à lui prosterner * Tous les anges se prosternèrent alors * Sauf Iblis (Satan) egocentrique ; est fut parmi les mécréants »*. (*Coran 38/72*)**. Ce verset plein de sens vient accentuer d'avantage le degré d'importance accordé à l'humain, d'autre part le verset vient dénoncer, que l'égoïsme et l'égocentrisme comme vices purement sataniques, insistant l'*Âme* à suivre la voie de *Satan*, la voie de la désobéissance, de la rébellion, de l'arrogance, qui conduit inévitablement à l'égarement. Comme *Iblis* a été égaré par lui-même, par sa propre nature, sa propre *âme*, sa mission sur terre est d'égarer son ennemi juré l'humain par jalousie et mépris, défaut d'illusion de supériorité existentielle. Toute illusion de supériorité sur ses semblables qu'il soit de connotation ethnique, religieuse ou autre est systématiquement un piège de *Satan* le maudit. Seule la foi peut élever une *Âme* sur une autre, seule la foi en *Lui*, le reste n'est qu'illusion artificielle.

Afin de garantir sa survit momentanée car sa perte est certaine, *Satan* prit au piège par son *ego*, a fait le choix conscient d'adorer son *âme* et de renoncer à Dieu. Il a succombé à la médiocrité de son *âme*, afin de satisfaire son *ego* et ses passions. Dieu dit : « **Ne vois-tu pas celui qui a fait de sa passion sa divinité ? Seras-tu son garant ? » (Coran 25/43).** *Satan* lui faisant partie des Djinns qui eux selon la tradition de la religion monothéiste vivaient sur terres bien avant les humais. Il faisait partie des Djinns croyants, pratiquants qui adoraient pieusement le Divin. En se distinguant de ses semblables par son degré de foi, de pratique et bonnes œuvres, ses bonnes actions l'ont élevé au stade des *Anges* spirituellement puis physiquement, jusqu'à résider avec eux, au plus haut des cieux et univers.

Au lieu de nourrir son *Âme* propre, par l'adoration et la gratitude envers le *Créateur* pour cette récompense inestimable, *Satan* a choisi inconsciemment de nourrir son aspect arrogant et égocentrique, tombant dans le piège de son ego, s'identifiant ainsi à une image qui n'est pas la sienne, une image illusoire de supériorité centrée sur elle-même, nourri par la rébellion et la dualité. S'identifiant totalement à sa *Persona,* créant en lui une dualité satanique qui s'opposera aveuglement à la volonté de *l'Unicité Absolue* (l'entêtement est contraire à l'intelligence, l'entêtement nourrit l'ego et le renforce).

En se sentant suffisamment spécial, conduit à la conviction trompeuse d'être trop précieux pour être absorbé par l'Unité, ce qui crée inévitablement la division à l'intérieur comme à l'extérieur de son être. *Satan* est l'exemple ultime de dualité, de division, d'égocentrisme, d'égarement, de perdition, de troubles psychotiques, en s'identifiant totalement à sa *Persona*, il a perdu alors la raison, la raison même de son existence. Cette perdition éternelle menace l'existence de toute âme suivant le chemin de l'errance, tout être sous forme humaine ou djinn.

Le satanisme est un état d'âme, pas une création divine, Dieu cite dans le livre sacré, ''des satans humains et djinns''...Satans (ou démons) désigne les êtres parmi les humains et les djinns commettant et incitant leurs semblables à faire le mal, et à agir contre la volonté de Dieu...Allah Tout Puissant dit : ***« C'est ainsi que Nous fîmes à tout prophètes un ennemi, parmi les satans humains et djinns ; inspirant les uns les autres de faux discours trompeurs ; Si ton Seigneur avait voulu, ils ne l'auraient pas fait ; Laisse-les donc et leurs inventions de tromperie » (Cor. 6/112).*** Les Djinn sont des créatures éprouvées dans ce bas monde aussi bien que les humains :

L'humain : *Rouh/Esprit + Nafs/Âme + Corps physique*
Ange : *Rouh/Esprit + Corps céleste*
Djinn : *Instance divine (autre que Rouh) + Nafs/Âme + Corps non-physique*
Créatures vivantes (animaux et plantes) : *Rouh + Corps physique (sans Rouh on ne peut pas parler de vie).*

L'Homme est constitué d'un corps céleste et physique, les deux corps doivent être entretenu soigneusement et d'une façon équilibrée, comme la nourriture, le sommeil et les activités physiques et communautaires. Le corps céleste ou l'*Âme* a aussi besoin d'entretien au quotidien, par l'adoration, le rappel, la proximité et l'amour. Donc l'Homme doit garder l'équilibre entre les besoins de son corps et les besoins de son *Âme*, le corps est lié à la terre dont il appartient et l'*Âme* au ciel d'où elle advient.

Le *Souffle Divin* ou l'*Esprit*, réside dans toute créature vivante, dans toute énergie soit elle, sur terre, dans l'univers et au-delà, sa forme et son physique peut changer mais son essence est identique. *Dieu est partout et à tout moment, dans l'espace comme dans le temps.* L'adoration ne peut s'accomplir que par le savoir et la conscience, l'ignorance et l'insouciance ne peuvent accomplir d'adoration.

Dieu dans Son livre sacré dit : ***« Et ils vous interrogent sur l'Esprit. Dis : L'Esprit vient du commandement de mon Seigneur ; et ce qui vous advient de savoir n'est que peu de choses » Cor. 17/87***
L'Homme, en raison de ses limites intellectuelles, ne sera jamais en mesure de percer tous les secrets de *Rouh (l'Esprit, souffle divin ou le Soi)*, cette impuissance intellectuelle, incite les athées à nier son existence.

Ceux qui ne croient pas à Dieu et à tous Ses messagers verront toutes leurs bonnes œuvres s'éparpiller comme le vent éparpille la cendre, ***« Dis ; Vous-voulez que Nous vous informions de ceux dont les œuvres sont les plus perdantes ? * Ceux dont les efforts dans la vie ici-bas se perdirent dans l'errance alors qu'ils croyaient agir dans le bien * Ceux-là qui auront renié les signes de leur Seigneur et Sa rencontre, leurs œuvres seront perdus et Nous ne leur donnerons aucun attribue le Jour de Résurrection ». (Cor 18/103-104-105)***.
Malgré leur ignorance, au moment de crises majeurs et de déceptions profondes, même en reniant cette existence, ces mêmes individus se retournent d'une façon ou d'une autre, vers cette intelligence éternelle qui englobe le Tout, pour implorer Sa grâce, Son aide et Son soutien. Même les tirants les plus assoiffés de cruauté, confronter à leur solitude totale et à la force des choses, finissent par chercher ce soutien inconcevable par l'intellect humain.

L'individu qui nie l'existence éternelle se fond sur l'absence d'indices visuels qui permettent de la détecter. Or le cœur voit avant les yeux, car les yeux sont inutiles quand le cœur est aveugle. Dieu dans son livre sacré dit : ***« n'ont-ils donc jamais parcouru la terre afin d'avoir des cœurs pour comprendre ou des oreilles pour entendre ? car ce qui devient réellement aveugle ce ne sont pas les yeux mais les cœurs dans les poitrines » (Cor 22/46).*** Nous n'abordons pas la vérité de la même façon, ceux qui voient à œil nu, certain avec des jumelles et d'autre avec des moyens plus sophistiqués, nous regardons tous vers la même direction c'est une question de profondeur. Tous ceux qui la cherchent sincèrement et honnêtement finissent par la trouver, les voies sont différentes mais tous les chemins mènent à l'unique destination. La voie du cœur est le chemin le plus court.

Entrainant avec lui l'humain dans cette perte, racine de perdition de soi et de l'autre, *Satan* est symbole de division, d'autodestruction et de chaos totale, il s'est opposé à l'*Unicité Absolu* et s'oppose catégoriquement à toute forme unificatrice. L'Archétype du mal et des ténèbres, *Satan* est l'allié de *nafs ammâra/l'âme tentatrice*, c'est à travers cette âme qui a une influence sur l'humain, et peut s'infiltrer dans son être interne et l'éloigne de son esprit, de sa totalité, plus l'être est éloigné de sa propre totalité plus il sera proche de la dualité, en conflit avec lui-même et son entourage.

« Je prendrai surement parmi Tes esclaves une part pré assignée * Je les égarerai à coup sûr ; je leur ferai des promesses, je leur ordonnerai et ils couperont les oreilles du bétail, je leur ordonnerai et ils dénatureront (1) la création de Dieu. Celui qui prend Satan pour patron en dehors de Dieu a effectivement subi une perte évidente * Il leur promet et leur donne des espoirs et tout ce que Satan promet n'est que supercherie * Ceux-là leur refuge est l'Enfer et ils ne trouveront nulle part où le fuir ». (Cor 4/119-120-121-122)

(1) Dieu a créé la nature avec la perfection qui Le caractérise et l'a assujettie à des lois strictes et rigoureuses qui lui assurent sa pérennité et son bon fonctionnement. Aussi le Croyant doit-il avant tout se soumettre et s'abandonner entièrement et sans réserve à ces lois, c'est-à-dire n'agir que conformément à ces saines lois de la nature. Il doit veiller à conserver sa création sinon cela lui tomberait sur la tête et les épaules, un fardeau qui ne pourra supporter.
Tous ces crimes que nous voyons de nos jours contre la nature sont d'ordre satanique : la déforestation, la pollution, les transsexuels, industrialisation des

produits alimentaires primaires et ainsi de suite, entraine un déséquilibre écologique, inspiré par *Satan*, détériorant la qualité de vie ici-bas, en portant la responsabilité à l'humain, à ses complices de nos semblables. ***« Lorsque l'acte du Jugement Divin sera prononcé, Satan dit : Dieu vous a fait une juste promesse, et je vous ai fait une trompeuse promesse. ; Je n'avais sur vous aucun pouvoir, je vous ai appelé et vous avez répondus ; Ne me faite donc aucun reproche et faites-le plutôt à vous-même ; Je ne suis capable de vous secourir et vous « ne l'êtes pas non plus ; J'ai mécru de ce que jadis vous avez renié ; Effectivement les injustes ont un supplice douloureux » (Cor 14/16).*** Celui qui ne purifiera pas son *Âme* sur terre il la purifiera en Enfer, malheureusement beaucoup ne le comprennent pas ! *Satan* est plus proche que jamais pour proclamer son empire.

Le *Satan* trompe les esclaves d'Allah, leur promettant des bénéfices mensongères et illusoires, de faux espoirs pour attirer tous ceux qui sont esclaves de leurs passions et orgueil obstiné et les emporter avec lui dans sa perdition, la perdition de soi, de leurs âmes, loin du chemin de la droiture et du bon sens. Plus l'être s'éloigne de la voie, plus il sera difficile de revenir au chemin de la droiture, car l'humain en toute état de cause, reste un être faible ou la séparation réside en lui, c'est l'aspect qu'il nourrit qui grandira au fil du temps : « **Fais preuve de patience avec ceux qui invoquent leur Seigneur matin et soir, désirant Sa Face (Sa satisfaction). Et que tes yeux ne se détachent point d'eux, en voulant les beautés de ce bas monde ; Et n'obéis pas à celui dont Nous avons rendu le cœur inerte à Notre Rappel, Et n'obéit pas à celui qui a suivi ses passions et puis sa destinée fut cataclysme. (Cor 18/28) »**

Une histoire légendaire raconte : Un homme pieux, ayant l'habitude de faire sa prière de El Fajr (prière du lever du soleil) à la mosquée pas loin de chez lui, un jour en rentrant chez lui, *Satan* lui chuchota dans l'oreille...

Satan : Viens je vais te guider vers un chemin plus simple et plus rapide pour rentrer chez toi

L'homme : ça fait longtemps que je fais mon chemin pour rentrer et je le connais parfaitement

Satan : Mon chemin est plus court, tu n'as rien à perdre en essayant !

L'homme confronté à lui-même, accepta de plein gré de marché sur les pas du Satan...

"après un moment de temps..."

∞

L'homme s'exclama : Le temps qui s'est écoulé est le temps que je fais d'habitude pour rentrer chez moi
Satan "indiquant une lumière pas loin" *:* c'est là-bas ta maison…
L'homme continuant désespérément : sommes-nous arrivé ?
Satan : Nous sommes tout prêt, suffit de continuer…

L'homme faisant confiance au mal, se heurta à un chemin son retour, se mua à continuer d'avancer car le retour serait plus long, hélas le retour chez Soi, n'est jamais plus loin que le chemin à nulle destination, le chemin de l'égarement.

Depuis l'ère préhistorique, l'humain cherchait constamment à être soutenu par une sorte de puissance énergétique dépassant la nature et au-delà de la raison. Cette soif spirituelle, poussait les différentes races et communautés à adorer des conceptions matérielles, en leur accordant un aspect surnaturel, un aspect divin. Cette quête spirituelle, cette quête de sens ou quête à donner sens à l'existence, est dû à ce souffle lié aux cieux, ce souffle divin qui n'appartient pas à cette terre, qui est tout sauf son lieu de confort et de repos. C'est exactement ce *souffle de vie*, cet *Esprit*, ce *Soi* qui pousse l'individu à sortir de sa zone de confort, à purifier son *Nafs*, son *Âme*, son *Moi* et aller à la rencontre de l'infiniment grand, à la fois en nous, et en dehors de nous, à l'intérieur et à l'extérieur, dans le temps et dans l'espace, omniprésent et omnipotent.

Le chemin de cette quête du sens est inévitablement celui du cœur, le moyen est la purification de *l'Âme*, comme il a été décrit dans le verset 2 sourate 62 : ***« c'est Lui qui a envoyé aux ignorants, un Messager parmi eux pour leur réciter Ses versets, les purifier et leur enseigner le livre et la sagesse, bien qu'il fût auparavant dans un égarement évident ».*** Ce changement passe obligatoirement par le cœur, le centre de cette purification. Ce chemin vers l'épanouissement spirituelle est basé sur la sincérité, le savoir et la purification.

Stade de passage et d'évolution :

+ Le repenti (Al Tawba)
+ La lutte contre son *Nafs (la lutte contre soi-même - son côté obscure)*

∞

+ La rupture avec les passions néfastes pour l'*Âme*
+ L'Amour (de Dieu, de soi, de son prochain et des vivants)
+ Vivre dans la proximité et sans effort

Cette purification qui conduit à la proximité, a une bénédiction visible dans toutes les attitudes de l'individu, qui aspire à une vie existentielle épanouie, inspirée par l'unicité. L'Homme qui a purifie son *Âme* sera sauvé et celui qui la corrompe sera réprouvé, la crainte et l'espérance sont les alliés sur le chemin de la proximité, craindre la désobéissance et espérer Sa miséricorde dans la vie ici-bas et celle de l'au-delà. *Dieu* dit : ***« Est ce que celui qui, aux heures de la nuit, reste en dévotion, prosterné et debout prenant garde à l'au-delà et espérant la miséricorde de son seigneur, Dis ; peut-on comparer ceux qui savent et ceux qui ne savent pas ? seul les doux t'intelligence se rappellent (Cor 39/9) ».***

État du cœur dans le cheminement de proximité :

1- *Le cœur dur : caractériser par un état de mort spirituelle*
2- *Le cœur malade : caractériser par une vulnérabilité spirituelle*
3- *Le sain : caractériser par l'Amour et la vie spirituelle*

Le croyant doit naviguer sur sa voie d'un niveau *d'Âme* à un autre pour aboutir à une *Âme* apaisée et un cœur illuminé, lui permettant de reconnaitre son chemin de droiture à suivre. Comme disait le sage savant, Ibn Ataa-Allah As-Sakandari : *« Comment un cœur pourrait s'illuminer duquel les images des créatures se reflètent ? comment pourrait-il se libérer et faire chemin vers Dieu alors qu'il est enchainé à ses désirs ? comment pourrait-il aspirer à la présence de Dieu alors qu'il ne s'est pas purifié de la souillure de son insouciance ? et comment pourrait-il comprendre les secrets les plus subtiles alors qu'il ne s'est pas repenti de ses fautes ? ».*

Une histoire légendaire raconte : Dieu ordonna un ange d'aller prendre *l'Âme* d'une mère de deux enfants orphelins du père. L'ange ayant pitié de ses enfants refusa d'exécuter sa mission ; pour le punir Dieu lui arrache ses ailes et le fait descendre sur terre sous forme humaine mais toujours avec un esprit angélique. Il lui fait savoir qu'il

∞

ne pourra revenir au paradis qu'en répondant à trois questions : ***qu'est-elle la bénédiction la plus précieuse accordé aux Hommes ? qu'est-ce qu'ils leurs a été retiré ? et qu'elle est leur raison d'être ?*** Dans cette quête de sens, l'ange a vécu tout un état de confusion que le monde angélique ne fait pas face, contrairement aux anges qui sont des êtres complets et unis, les humains sont des êtres doubles où la division et la dualité règne sans limite dans leur être intérieur, qui est reflétée dans le monde extérieur (cette dualité est dû de sa double composition à la fois physique que spirituel, une part liée à la terre et une autre liée aux cieux appartenant au souffle Divin). Il a vu le désespoir, la misère, les guerres, la recherche du bien matériel, la recherche du plaisir momentané, la division...dans cette expérience humaine, l'ange a vu des contradictions inexplicables, des gens qui n'ont presque rien et qui malgré tout donnent ce qu'ils ont à des inconnus, dont le besoin est plus grand, des riches qui ont presque tout, ne donnent rien, même aux proches en détressent. L'ange comprit alors ; que l'Homme lui a été accordé la capacité à donner sans recevoir, donner sans attendre de retour. C'est ce qui lui a été accordé de plus précieux.

Dans ce voyage, l'ange continua de parcourir les terres et les océans, il a vu des injustices non justifiées, des hommes dignes traités indignement et des indignes traités dignement, il a vu le mensonge glorifié et la vérité réprimé sans raison valable ou justifier…L'ange trouva alors la réponse à la deuxième question ce que l'Homme lui a été retiré et la capacité à se fixer des objectifs existentiels et une vie juste qui a du sens.

Dans ce cheminement, la troisième question devient un mystère, un jour l'ange assista à une expérience qui le marqua profondément. Un jeune homme, apparait à premier vue en bonne santé avec un vestimentaire remarquable, surement d'une catégorie social élevé, se jetant d'un pont et mettant fin à sa vie ! L'ange fut choqué par cet incident marquant son esprit angélique, qui dans leur monde n'a jamais vu d'équivoque. Troublé dans son questionnement de raison existentielle…l'ange comprendra alors, par la suite que le jeune homme été un chef d'entreprise et que son entreprise à fait faillite, sa femme le quitta avec ses enfants, ses amis et proches s'éclipseraient l'un après l'autre, jusqu'à ce qu'il se retrouve seul face à sa réalité, seul face au monde…Dans cette réflexions l'ange trouva la réponse à la troisième question, que la raison d'être de l'Homme est l'Amour et que sans Amour, la vie n'a pas de sens. Et que l'Amour commence avant tout par aimer soi et ses semblables, aimer autrui, aimer les êtres vivants, aimer la nature et l'univers, aimer Dieu car Dieu est Amour. Il suffisait de mettre quelqu'un à aimer dans la vie de cet homme, quelqu'un qui l'aimerait en retour, la situation aurait radicalement changée d'orientation.

Aimer Dieu et la finalité du processus d'individuation, aimer Dieu est aimé le monde, aimer Dieu est aimé l'autre, aimer Dieu est générosité, donner sans recevoir, aimer Dieu est l'essence de toute existence, donner sens à la vie, de savoir et comprendre ses priorités et objectifs existentiels, car en fin de compte tout ce que nous faisons raisonne pour l'éternité. La foi en Dieu, la foi inébranlable dans l'*Unicité Absolue* est le secret et la clé de toute chose, toute chose dotée de sens.

Nous sommes énergie et cette énergie complète le monde et l'univers dans sa globalité, le corps n'est qu'un instrument un moyen, cette énergie circulera autant que cet univers existera, car si elle s'éteigne, le risque du désordre, du chaos est évident, tout est lié, tout est complémentaire, tout est uni ! Toute création à une responsabilité a assumé, spéciale et unique à son existence.

L'Islam

L'Islam est le seul message de Dieu, transmit par ses Messagers pour ses esclaves sur terre, un seul message, une seule religion. L'avidité de l'*Ego* des hommes inspirés par les vices sataniques, a ouvert voie à la division, a séparé les Hommes en communautés en leurs attribuant des étiquètes raciales, sectorielles ou communautaires, en leur injectant des croyances et convictions de supériorité illusoires, stimulant ainsi la haine et le désir de contrôler ses semblables par la force et l'injustice. C'est uniquement par la division que le mal peut imposer sa volonté, car l'union fait la force. Les êtres ne peuvent s'unir que sous une direction juste et équitable pour tous, ou la supériorité et l'injustices sont quasi inexistantes.

∞

C'est la raison pour laquelle, l'Islam faisant référence à *« Salam »* en langue arabe, qui veut dire *« Paix »,* qui en soi la volonté ultime de la Divinité, la direction à suivre transmise par Ses messagers à Ses esclaves, ayant pour objet d'unir l'Homme, de le purifier et de l'élever.

Tous les messagers de Dieu, Abraham, Ismail, Isaac, Jacob, Moïse, Salamon, Jésus, Mohamed et encore d'autres connus et non connus, apportèrent le même Message, le même sens, une continuité pour l'unique finalité, unir l'humanité sous la Direction Divine, afin de la conduire vers la totalité, vers la paix intérieur et extérieur. C'est l'humain satanique qui a déformé le message divin, en attribuant des sectes religieuses aux différentes communautés, selon leur race comme pour les juifs (Judaïsme) ou nom de leurs prophètes comme par exemple fut le cas pour Jésus, christ (christianisme).

Depuis **Abraham** père fondateur de la religion monothéiste, lui attribuant le nom de l'Islam, Dieu Tout Puissant dit : ***« Luttez pour la cause de Dieu, comme il se doit, c'est Lui qui vous a choisis, il vous a attribué dans la religion aucune honte, la communauté de votre père Abraham ; c'est lui qui vous a nommé Musulman auparavant, pour que le Messager soit en cela témoin contre vous et que vous soyez vous-mêmes témoins sur l'humanité ; Pratiquez la prière, donnez l'aumône et tenez-vous fermement à Dieu, c'est Lui votre Seigneur ; Quel bon Patron-Protecteur et quel bon soutien glorieux » (Cor 22/78),*** **puis Moïse** : ***«Et Moïse dit O mon peuple ! Si vous avez vraiment cru en Dieu, remettez-vous donc à Lui si vous êtes Musulmans ». (Cor 10/84),*** **Jésus :** ***« Lorsque Jésus sentit chez eux la mécréance il dit : « Qui sont mes partisans dans la cause de Dieu ? les Apôtres dirent : Nous sommes les partisans de Dieu, nous avons cru en Dieu et attestons que nous sommes Musulmans ». (Cor 3/52)*** et **Mohamed** : ***« Dis : Nous avons cru en Dieu, à ce a qui été descendu sur nous, à ce qui a été descendu sur Abraham, Ismaël, Isaac, Jacob et ses douze fils, à ce qui est advenu à Moïse, Jésus et les prophètes de leur Seigneur. Nous ne faisons aucune différence d'aucun entre eux et nous Lui somme Musulmans (soumis) * Celui qui suit autre que la religion de l'Islam ; cela ne lui sera nullement accepté et il sera dans l'autre monde parmi les perdants » (Cor 3/84-85)***

∞

Et d'autres versets : ***« Quand Abraham élevait les piliers de la Kaaba et Ismaël (fils d'Abraham) : Seigneur ! Agrée notre œuvre ! c'est Toi l'Audiant et Le Savant parfait * Seigneur ! Fais de nous des Musulmans ainsi que notre progéniture une communauté musulmane ; Montre-nous nos rituels et accepte notre retour à Toi, c'est Toi par excellence qui agrée le retour des repentis et tu es le Miséricordieux infini » (Cor 2/127-128).***

« Et c'est ce que Abraham recommanda à ses fils, de même que Jacob :"Ô mes fils ! Dieu vous a choisi pour vous la religion, ne mourrez que sur la foi islamique » (Cor 2/132)

« Ne vous soyez pas orgueilleux avec moi et venez moi Musulmans (en toute soumission) » (Cor 27/31)

L'Homme pour satisfaire ses intérêts personnels et son désir de contrôler ses semblables, a consciemment crée la division et la séparation, tandis que le Message Divin est universel, un chemin de route à suivre, pour unir l'Homme et le conduire vers la Source de toute chose.

Le but ultime de l'Islam, protéger l'humain contre l'âme satanique qui risque de causer sa perdition. Car en fin de compte, nous sommes tous égaux, personne n'est vraiment supérieur à l'autre, c'est uniquement par nos actions et bonnes œuvres qu'on peut s'élever ou se rabaisser, aucun capital ou statut social définissent notre juste valeur, cela peut notamment provoquer tout le contraire. Le pardon et l'acceptation sont véritablement réparateurs ne peuvent venir que de la reconnaissance que nous sommes profondément les mêmes malgré notre multiplicité et la diversité de nos apparences et traits de caractères.

Tout désir ou volonté de division, commence d'abord à l'intérieur de soi, de sa propre *Âme* : la haine, la vengeance, la cupidité, l'avidité sont les véritables ennemis de l'être, l'ego est l'ennemi…en soignant son être en la purifiant, en purifiant ses aspects néfastes et sataniques et en unissant les aspects supérieurs de *l'Âme,* l'individu s'élève et

∞

s'illumine, uniquement de cette façon qu'il pourra refléter cette paix et harmonie dans le monde extérieur qui l'entoure.

Soufisme

Le Soufisme cœur de l'Islam : « Ce que tu as en tête, abandonne-le, ce que tu as en main donne le, ce qui t'advient ne l'esquive pas ».

Le Soufisme signifie adorer Dieu comme s'il nous le voyant, car si on ne le voit pas Lui il nous voit, beaucoup pensent que Dieu nous regarde d'en haut mais en réalité, Dieu nous regarde de l'intérieur. La priorité absolue consiste à ancrer dans l'homme cette aspiration qui, toute sa vie durant, lui permettra de cheminer vers Dieu. La notion de l'unicité ne doit jamais être perdue de vue, il s'agit du retour vers l'Absolu vers l'Unité Absolue, vers la Source, vers l'origine.

Dieu est partout, Dieu est en nous, Cet enseignement vise la paix, la certitude et la non révolte contre le destin, contre le monde. Il s'agit d'une transformation individuelle et universelle, l'une ne pouvant se faire sans l'autre. Le corps nous a été donné pour servir l'*Esprit*, le maitre est l'*Esprit*, le corps n'est qu'un moyen pour le servir.

Le Soufisme passe avant tout par les **5 piliers de l'Islam** :

- **Atwhid (l'Unicité) :** La reconnaissance de l'Unicité absolue qui règne au-delà et au-dessus de toute création. Le Grand Tout Puissant, le Miséricorde Dieu. Cette reconnaissance surpasse la parole, la croyance ou même la conviction, c'est une reconnaissance du cœur, une conscience omniprésente dans la vie du croyant qui se reflète dans ses actions du quotidien.

- **La Prière :** la faculté d'adoration par excellence, de se connecter directement au Divin pour vivre une expérience unique à la fois individuelle que collective. Cette expérience s'accommode de trois positions du corps, de la station debout qui en elle-même signifie la verticalité en face de l'Unicité absolue ; puis la génuflexion symbolisant l'équilibre, l'équilibre entre le haut et le bas, entre le ciel et la terre, entre l'au-delà et la vie ici-bas ; pour aboutir à la prosternation qui par excellence symbolise la soumission totale à la volonté divine, à l'acceptation d'être ce que l'on est. C'est la posture ou la tête se rabaisse et le cœur s'élève, la position d'ouverture à Dieu et à Soi, toutes les conversations sont permises : plaintes, souhaits, gratitude, adoration…tout désir de la vie ici-bas ou de l'au-delà.

Mise à part, son côté occulte d'adoration et de soumission, la prière est également un moyen de bienfaisance, prier pour soi et pour les autres, la prière est un moyen en soi pour donner et recevoir. Prier pour soi et les autres est un symbole d'ouverture envers les autres nourrissant ainsi l'*Âme* et l'élevant vers l'unicité. La prière nourrie l'*Âme,* la ressource et la guérit, la prière est un moyen de guérissant émotionnelle et de purification spirituelle, la prière exaucée est un moyen d'illumination par excellence.

Seuls les esprits doués d'intelligence sauront en tirer meilleure partie.

7 lois de la prière exaucée : **(1)** la foi **(2)** l'amour **(3)** l'obéissance **(4)** la crainte (craindre l'égarement) **(5)** la gratitude **(6)** l'acceptation **(7)** la quête du Soi (chercher l'unicité à l'intérieur et à l'extérieur de soi).

- **Le Jeune :** Une forme d'adoration exceptionnelle dans son genre, permettant de purifier à la fois *l'Âme* et le corps. Le jeune est un moyen de purification par excellence, d'empathie et de patience. Apprendre à patienter avant la récompense, qui est en elle-même le secret de notre existence, patienter une vie pour une récompense éternelle.

Jeuner est le fait de priver son corps physique et céleste, le priver des plaisirs de ce monde. Le jeune ne se limite pas à priver le corps de l'eau, boisson et nourriture ou encore de pratiques sexuels intimes. Le jeune va au-delà, jeuner est privé son *Âme* de regarder ou parler à tort et à travers, de repousser les mauvaises actions par de bonnes actions, de donner sans attendre de retour et de pardonner. Jeuner est être un exemple de conduite, de sacrifier son *Ego* pour la paix de son *Âme.*

- **Zakat :** La zakat est avant tout, une pratique de partage pour finalité de se débarrasser de l'excès, du surplus, car l'excès de toute chose est néfaste pour l'individu. La zakat est de base une pratique économique, concernant les personnes que Dieu a accordé un privilège en aisance matériel. La Zakat consiste à partager sur une période donnée, au cours de laquelle une partie de cette fortune doit être partagée avec ceux dans le besoin. Cela n'est ni de la charité ni un don, c'est une obligation divine, calculée sur la base de 2,5% des bénéfices ou capitaux annuels.

D'autre part, Dieu évoque dans son livre sacré Zakat *Nafs*, celle de *l'Âme* : **« Oh l'Âme est Celui qui l'a façonné * Il lui a inspiré Son immoralité et Sa piété * Celui qui l'a purifiée *(zak'ha)* a réussi * Celui qui l'a corrompue a échoué » (Cor 91/7_10).**

Dans ce sens, la purification de *l'Âme* se traduit par plusieurs manières et moyens possibles, facilitant l'individu à accéder à un état de plénitude et de repos. L'Unicité absolue, à travers Ses paroles guide vers cette voie qui mènera à Lui. La purification de l'*Âme* est la purge inévitablement et indispensable pour accéder à cet état d'esprit. *L'Esprit (Rouh)* est divin, éternel et suffisant, *l'Âme* doit atteindre *l'Esprit* et l'embrasser.

L'homme est censé purifier son *Nafs* de tous ses excès et penchants corporels et matériels par une pratique de foi et d'action, **Dieu dit : « Réussit, certes, celui qui se purifie et se rappelle le Nom de son Seigneur puis prie ». (Cor 2/151).** Le verset fait référence a tous ceux qui se souviennent de leur Seigneur, consciemment alerté de Sa présence, et constamment préoccupe par Sa satisfaction, agissent tel en l'occurrence dans toute action du quotidien, dans leur intimité comme en public. Ceux-là sont les esprits éveillés qui peinent à marcher sur le chemin de la droiture ; pour la grande Gloire, car tout ce que nous faisons raisonne pour l'éternité.

∞

Dans un autre verset, Dieu dit : **« Et quiconque se purifie, ne se purifie que pour lui-même, et vers *Allah* la destination (le retour). » (Cor 35 :18).** La purification de l'*Âme* est pour l'intérêt ultime de toute *Âme*, pour sa propre paix, pour sa propre élévation pour sa propre finalité. Car le Tout Puissant Éternel, est au-dessus et au-delà de toute chose. Le sens de Sa sagesse propre à Lui, reste et restera un mystère car notre esprit ne peut saisir l'Absolu ! ne peut saisir l'infini.

L'*Âme,* chez les Soufis comme en islam doit maitriser tout excès soit-il, se traduisant par des actions concrètes dans son quotidien : manger sainement et correctement, boire suffisamment d'eau et en consommer par modération, canaliser ses pulsions sexuels vers l'essentiel et ne pas en faire object unificateur. L'*Âme* pousse énormément au mal, heureux celui qui a réussi à la purifier.

Le Pèlerinage : Le pèlerinage est le 5ème. Pilier de l'Islam, que tous les musulmans espèrent profondément l'accomplir. Le seul pilier qui ne peut être accompli qu'en respectant certains critères et conditions préalables : Être adulte musulman, être libre (pas en prison ou sous restrictions), jouir d'une bonne santé physique que mentale ainsi qu'une capacité financière assumant l'ensemble des frais du voyage. Cette dernière exige de ne pas avoir de « Din » (crédit), car le remboursement du prêt à son prochain prime le Pèlerinage, deuxièmement ne pas faire de prêt pour accomplir l'adoration du Pèlerinage. Les frais réservés à ce pilier exclusif, doivent être propres et dignes à la personne *(Les moyens financiers récoltés par des actions illégales ne feront pas objets de développement dans cet ouvrage).*
Effectivement les croyants musulmans incapables physiquement ou financièrement ou conditionnés par certaines restrictions ne pourront en bénéficier. Cela peut paraitre à première vue injuste, Hélas ! il n'y a pas de Justice plus fine que celle de l'Unique-éternel, le secret réside dans le nœud de la question en elle-même, car Dieu enfin de compte **« guide vers Lui qui il veut et égare qui il veut » (Cor 14/4).** Et c'est Lui le Majestueux Grand Dieu, au-dessus de toute règle ou Loi perçue par notre esprit étroitement limité dans le temps comme dans l'espace.

∞

Toutefois, cette compréhension dans le fond, ouvre voie à d'autres interprétations : chaque bénédiction de ce bas monde se cache un jugement et chaque malheur ou souffrance se cache une bénédiction et miséricorde. Dieu dit : **« est ce que les savants et non savants peuvent être égaux ? » (Cor 39/9),** bien sûr que non, le savoir comme la santé, l'argent, le pouvoir et les biens matériels sont des bénédictions de Dieu…une personne qui a vécu sa vie sur un fauteuil roulant ne peut être comparée à une autre qui dès son plus jeune âge, marche, court, pratique des exercices physique, se promène au centre-ville ou au beau milieu du beau temps…est ce qu'une personne qui a vécu dès sa naissance dans la misère et la pauvreté est comparable à celle qui est née avec une culière d'or dans la bouche ? évidement que non ! La réponse se trouve dans le sens ! La santé a été accordé pour servir soi et autrui, afin de l'utiliser à bon essence. Tout comme l'argent et le pouvoir ce sont des moyens bénis à utiliser avec sagesse et précaution, non des acquis ! Rien nous n'appartient, tout Lui revient. Nous portons la ferme responsabilité sur nos attitudes et comportements envers la générosité que l'univers nous a offert.

L'univers dans son intégralité fonctionne selon des lois bien définis, des formules exactes et cordonnées, d'une manière juste et précise. L'individu n'a le droit de juger personne mise à part lui-même : *qu'avons-nous fait des bénédictions que la nature nous a offerte ? comment nous les avons exploités ? Avons-nous visité des endroits interdis ? Avons-nous dissimulé la vérité en encourageant le mensonge ? Avons-nous parlé mal sur autrui ?* car certains ne peuvent exprimer, un seul mot *; avons-nous regardé des spectacles dénues de pudeur ?* car certain n'ont jamais pu voir un rayon de soleil ou le visage de leurs parents et enfants *; Avons-nous utilisé notre force ou pouvoir contre les plus faibles ou l'avons-nous utilisé pour aider son prochain ? et toi avec toute ton abondance matérielle, qu'as-tu fait avec ? As-tu partagé avec ceux dans le besoin avec les bouches affamés et les sans-abris ? ou as-tu préféré remplir tes comptes bancaires et les verrouillés ? (Enfin ! pour qui ?!) Avons-nous accompli de bonnes œuvres ? ou avons-nous succomber à notre Nafs, à notre*

∞

Âme assoiffée d'avidité ? nourrissant l'arrogance, l'égocentrisme et l'avarice Conduisant systématiquement à l'égarement ! ce qui en soi, la plus grande perte, car la plus Grande Gloire est celui qui a quitté ce bas monde en embrassant la satisfaction de l'Intelligence Suprême, par sa conduite et bonnes œuvres, ouvrant ainsi les portes de l'univers et de l'au-delà pour l'accueillir dans toute Sa plénitude pour l'éternité.

Cette vie est un devoir à rédiger soigneusement car cette fois le prix de manquer à son devoir est grand, une responsabilité, un examen du plus Grand Professeur, Savant des savants, Architecte des cieux et des univers. Quand l'épreuve est difficile et que les temps s'endurcissent rappelez-vous que le professeur reste silencieux pendant l'examen. Chaque création, remplie sa mission qui lui a été attribuée naturellement et sans effort. Seul l'être humain a pris cette grande responsabilité de choisir, de croire, de nier ou se révolter.

Le pèlerinage nous permet de remonter à la source à l'origine, à la racine humaine, dans les temps de notre père Adam, pour implorer le pardon de Dieu pour soi et pour l'humanité, car enfin de compte combien de fois avons-nous gouté au fruit de l'arbre interdit ?! Un voyage à la fois physique, que spirituel, une renaissance symbolique pour tous ceux qui ont réussi à l'atteindre physiquement que spirituellement, ce qui fait référence à l'équilibre du corps et de l'esprit, à l'harmonie du corps physique et céleste, le lien de la terre et l'univers, là où l'union des contraires se réalise parfaitement, sans effort et en toute harmonie. Une adoration exclusive à certain de Ses esclaves, leur permettant de chronométrer le conteur à 0, de fermer un chapitre de vie et tourner une nouvelle page blanche, pour renaitre car tous les péchés grâce à Lui sont effacés, car l'*Âme* est purifiée et cependant apte à entamer un nouveau départ.

Le but du Soufisme est d'atteindre l'**Ihsan**, en passant par l'Iman puis l'Islam, un niveau de spiritualité élevé qui nous permet de voir les êtres et les choses d'une façon différente, plus vaste et plus universelle. Nous les percevons plus comme un hasard mais plutôt comme une nécessité pour cheminer vers l'Absolu. Nous ne subissons plus les choses, les contraintes ou les difficultés. Souvent notre mental et parasité par diverses émotions : l'amour, la haine, la joie, la douleur, le doute, l'anxiété, la peur, le mécontentement. Cela constitue un sac de nœud qui nous limite dans notre champ d'actions. Nous devrons subir de nombreuses épreuves pour transformer notre mental pour ne plus s'accrocher aux choses de la vie ici-bas avec autant de force et de souffrance. Si l'homme veut atteindre la réalisation, il faudra qu'il en paye le prix, il sera éprouvé comme l'ont été tous ses prédécesseurs. Pour obtenir la chose la plus chère qui puisse exister, il faut payer de sa personne. Nos désirs, nos passions, notre ego vont se rebeller, notre environnement ne nous comprendra pas et les difficultés seront nombreuses. Jamais nous ne pourrons obtenir la réalisation sans passer par la purge, sans être éprouvé, car chacun de nos membres, chaque cellule doit subir cette transformation. Elle ne se réalise pas seulement au niveau de la conscience psychique ou intellectuel, elle s'opère aussi au niveau physique, cela ne veut dire nullement une mutation mais plutôt une métamorphose des traits du visage et du corps, ou la sagesse intérieure se reflètera à l'extérieur, c'est donc une épreuve totale. Sur ce chemin il faut s'attendre à beaucoup de peine, de tristesse, de peur, de doute et de souffrance jusqu'à ce que les choses se mettent en ordre et à leur place, la solitude sera un allié et un refuge.

Dieu est en nous, Dieu nous insiste à une connexion avec nous même afin d'atteindre l'Esprit-Rouh-Soi, peu importe le nom accordé le sens est le même, les chemins sont nombreux mais le chemin du cœur est le plus court et le plus simple, car tout le reste mèneront à la même destination avec des efforts plus importants, cheminer vers l'Absolu, vers la totalité ou vers le Soi, incitant l'individu à passer de l'autre côté à traverser la frontière pour embrasser l'Unicité, la totalité en soi.

La religion est souvent une défense contre une expérience de la divinité, toutes les religions du monde vous guident pour briser *l'Ego* avec des enseignements sur l'amour du prochain et le non-jugement, *l'Ego* s'empare de la moralité et l'utilise pour frapper au lieu d'entendre le message du pardon. Assimiler les aspects inconscients du *Soi,* oblige à se demander si *l'Ego* est prêt à risquer la mort. Rappelons que *l'Ego* est le prisme à travers lequel le monde phénoménal est visible. Dans la réalité de l'éternel, dit *Campbell*, il n'y a pas de dualité, il n'y a pas de distinctions il n'y a que l'Unité.

« As-tu regardé celui qui a fait de ses passions son dieu ; est-ce toi qui prendra sa défense ? * Crois-tu que la plupart d'entre eux entendent ou comprennent ? ils sont comme les bestiaux ou plutôt plus égarés encore » (Cor 25/42-43)

Une grande partie de la douleur que nous éprouvons est le résultat de la connaissance, à un niveau très profond, que nous avons été séparés, restreints, dissous et réduits à une vision infime de la conscience. Nous devenons des fractions infiniment petites de notre véritable *Soi*, mais comme *l'Ego* (le siège de notre conscience) rend l'éternel invisible, nous amenant à croire que nous sommes entiers et à nous identifier pleinement au matériel, au conventionnel. Mais le souvenir profond de *l'Unité* reste ancré dans *l'Esprit*, *l'Âme* déboussolé par *l'Ego* - combat l'ouverture de la conscience par crainte de sa disparation. Lorsque nous refoulons constamment *l'Ombre,* la peur d'affrontement se transforme rapidement en panique lui fournit l'énergie dont elle a besoin pour vaincre notre *Moi* conscient et le soumettre. Ce qui résulte à des émotions puissantes et réactions disproportionnées, nous réagissons de manière excessive précisément parce que *l'Ombre* a été rejetée avec une telle force que lorsqu'elle surgit, c'est un enfer.

L'Enfer n'est pas seulement un endroit pour châtier les injustes, l'Enfer est une création vivante, un esprit qui est renfermé sur lui-même, assoiffé de toute sorte d'avidité, d'atrocité, de colère et de rage infernale. L'Enfer est l'annonce de *l'Ombre* – Le purgatoire par excellence, son propre passé rejeté et ses traumatismes refoulés, remonteront à la surface pour atteindre toutes les exaltations de la purification. Un purgatoire où le feu est transformé en un instrument de purge, qui consume jusqu'à l'épuisement le blocage de *l'Ego* qui n'a pas réussi à s'ouvrir, fermé et enfermé sur lui-même, sur son être insignifiant.

Assimiler *l'Ombre* et ses contenus inconscients, ne signifie pas de les mettre au grand jour, l'*Ombre* ne vous demande ni de faire le mal, ni de tolérer ce qui vous heurte, ce que *l'Ombre* demande, c'est de l'accepter et de ne pas juger. Le pardon, l'acceptation et le non jugement sont les vertus à adopter tout au long de son cheminement, ce qui facilite la purification de *l'Âme* et la dissociation de *l'Ego,* La plupart d'entre nous, ont tendance à s'accrocher à cet *Ego/Persona* et à son système de moralité et de jugement. Mais alors que *l'Ombre* continue de frapper à la porte de la conscience, l'énergie de la conscience accrochée à une volonté d'être ce qu'elle prétend être, tandis que l'autre moitié souhaite que ce soit autre chose, ce qui provoque une crise.

Le voyage du héros lui-même, qui cherche consciemment ce feu transformateur et à briser la rigidité de *l'Ego* afin de renouer avec le royaume éternel, à travers lesquels le héros doit plonger, risquant la mort et le démembrement afin de passer au pays des merveilles.

La connaissance est une richesse inestimable pour ceux qui ont su expérimenter les enseignements, pour d'autres la connaissance peut s'avérer un réel fardeau de souffrance. Car la connaissance démasque les secrets cachés et les exposes au grand jour. L'expérience de l'individuation, de l'axe de connexion *Soi-Moi* est souvent poussée par le *Soi* où le *Moi* est influencé et mis à rudes épreuves, qui par sa volonté chercherait a éveillé le *Moi* vers des niveaux de conscience supérieurs. Les prophètes à titre d'exemple ont tous vécu l'expérience du *Soi*, et découverts son pouvoir infini, c'est à travers cette source de potentialité infinie que le *Divin* c'est révélé à Ses Messagers pour délivrer la continuité de Son Message à Ses esclaves sur terre. Cette force intérieure les accompagnera pour les guider dans le voyage archétypique de l'héros, voyage d'exile et de retour, dont le destin sera propre à chacun, d'où l'importance de la solitude : ce pouvoir spirituel qui enseigne la compréhension du sens, dont le but est de comprendre sa raison d'être et sa mission de vie, comment se sentir seul sans être seul, car aucune présence ne peut remplacer la présence de cette force de pure potentialité. C'est notamment à travers les rêves que la révélation de la divinité est initiée pour *Abraham, Jacob et Joseph* ou par l'intermédiaire de l'imagination active et la méditation comme pour *Moise et Mohamed* que Dieu c'est délivré, car c'est l'*Esprit* qui s'ouvert aux sens du cœur.

∞

En général la quête du sens est souvent initiée, par le *Soi*, en contact avec le *Moi* ouvre les brèches du dialogue et de la discussion. Souvent ce contact fait suite à une crise majeure que l'individu a vécu au cours de son existence : une maladie, un accident, un deuil résultant un traumatisme. Cet incident percute les fondations de la conscience et brise un facteur clés semblant autrefois inatteignable ce qui crée la séparation des contenus conscients et la confrontation avec des contenus inconscients, cette confrontation est en effet l'éléments déclencheur du dialogue, c'est par la confrontation que les contenus inconscients surpasseront les mécanismes de défenses de la conscience et briseront le couple *Ego/Persona,* ce qui mettra le *Moi* face au vide, face à *l'Ombre.*

Toutefois l'expérience du *Soi* peut être accordé à des individus recherchant réellement la réalité ou le sens via des questionnements existentielles profonds, ce qui les mettra inévitablement face à leur propre réalité interne : Tu cherchais le fardeau le plus lourd et tu t'es retrouvé toi-même.

Pour atteindre la pleine conscience, il existe **7 lois** indispensables à adopter, puis intégrer naturellement à votre vie, ces lois ouvrent la voie au champ de pure potentialité. Nous avons tous été créer de la même source, peu importe le nom que vous donnez à cette source, le plus important est que vous faites partie de cette même source de toute existence dans cet univers, si vous comprenez cela, si cela raisonne au plus profond de votre *Âme* toute votre perception de la vie, de vos objectifs vont changer. Il suffit de reconnaitre que vous tirez votre origine, de la source de toute vie et que vous preniez la forme d'un corps physique en perpétuel changement et que celui-ci contient manifestement cette énergie créatrice, d'où vous venez et vous appartenez un *Esprit* de même nature. Acquérir la perception que Dieu n'est extérieur de soi mais plutôt à l'intérieur du plus profond de son être et un véritable pas titanesque dans votre évolution spirituelle.

Sous la diversité infinie de la vie réside l'Unité d'un *Esprit* qui pénètre tout, plus vous faite l'expérience de votre véritable nature plus vous vous rapprocher du champ de pure potentialité, lorsque vous vivez l'expérience du *Soi,* votre vrai *Moi* est totalement libéré de ses chaines, de toute emprise mensongère, il reste indifférent au regard du monde extérieur et se ressource de son potentiel intérieur infini. Il ne se sent ni supérieur ni inférieur à personne, parce qu'il reconnait que tous les autres ont le même *Soi* sous différentes apparences, il attire vers lui ses semblables, il reste ouvert à toutes les possibilités, aux défis et aux opportunités, il accepte ce que la nature à offrir et lâche prise sur les biens matériels de ce monde. La nature et l'univers répondent à ses désirs et souhaits, ce pouvoir vous permet de rétablir le lien avec la *Divinité* avec la source de vie. Y'a avait énergie non manifestée, l'un émit un souffle Son souffle, par Son propre pouvoir, il n'avait rien d'autre.

Les 7 lois de l'émergence du *Soi*

1/ La loi du silence dans la solitude :

La solitude est la clé du savoir et de la connaissance, les prophètes comme les grands physiciens, scientifiques et philosophes ont tous passé par des moments de solitude et de contemplation avant de révéler au monde des découvertes souvent révolutionnaire. La solitude dans la contemplation est un facteur clés pour accéder à des états de conscience supérieurs pour comprendre soi-même et le monde. Le bruit du quotidien : embouteillage, pollution, stress, la mauvaise compagnie l'identification aux normes sociales…nous éloigne davantage de notre nature intérieur et nous enferme dans des idées et croyances conventionnelles, nous empêchons de voir au-delà de cette prison psychique. L'esprit turbulent et agité ne peut rien voir contrairement à L'esprit tranquille et calme, remarque tout et voit tout. Sois en paix avec toi-même et tu seras qui tu es ; connait toi, toi-même et tu connaitras Dieu.

Le silence dans la solitude est la première étape pour parcourir les échelons du *Soi.*

Règle 1 : Commencez par pratiquer la méditation au quotidien, l'idéal et de pratiquer deux séances par jour au lever et au coucher du soleil. Sinon le matin au réveil et le soir avant de se coucher. Deux séances de

15 min par jour sont suffisantes, toujours à la même heure, au fur et à mesure vous pouvez élargir le temps de chaque séance, le plus important est la continuité. Au cours de la séance, Concentrez-vous sur votre respiration, la respiration est le seul moyen pour maitriser son souffle de vie, restez concentrer sur sa respiration installe la tranquillité dans l'esprit et apaise les tensions.

Règle 2 : Contemplez la création avec la puissance de l'imagination, contempler la création de la nature avec toutes ses vastes forets amazoniennes, ses majestueuses montages asiatiques, ses larges fleuves, hautes cascades et profonds océans, contempler la création de la terre, de la lune, des planètes, du soleil, des galaxies infinies et de la suprématie de l'univers ! Contemplez cette architecture universelle permet de vous connectez à vous-même et à l'univers dont vous appartenez et dont vous êtes lié et relié. Tout est connecté tout est complémentaire, rien n'est perdu, rien ne disparait.

Règle 3 : Formulez des auto suggestions brèves, objectives et cohérentes selon vos besoins et désirs. Exprimez votre désir avec la conviction qu'il est en train de s'exaucer ainsi que la gratitude qui va avec ; ressentez la joie et la satisfaction à cette réalisation (je suis reconnaissant que cela se manifeste maintenant). Le secret est que chaque suggestion crée une émotion au niveau du cœur et la ressentir intensément. Laissez cette déclaration raisonner en vous comme une vérité absolue !

La prière exaucée est le mariage de vos pensées et sentiment ou de vos idées et émotions. Témoignez chaque jour de l'intelligence présente dans toute chose !

La solitude est une vertu, une inclination sublime vers la propreté, qui prouve que le contact avec les gens rend inévitablement les gens impures, quelque part à un moment donné chaque société rend les gens médiocres, des perroquets qui pensent mécaniquement de la même manière et répètent la même chose, soumis aux comportements communautaires et normes traditionnelles, culturelles et sociétales préétablies. Ces personnes n'ont aucune volonté de s'interroger sur eux même, de remettre en question leurs croyances limitantes ou de comprendre le sens de leur vie, au lieu de cela ces mêmes personnes suivent aveuglement le courant et se conforme aux attentes extérieures, comme disait le proverbe : seuls les poissons morts nagent avec le courant !

L'idée de retrait temporaire pour échapper à l'emprisonnement de la contamination de la foule est un concept à explorer par ceux qui ont connu l'élévation spirituelle et intellectuelle, les prophètes, les savants et les grands scientifiques passent inévitablement par des moments de solitude prolongée.

La société souvent représenté comme supérieure à ses membres, impose des normes et des attentes qui limitent l'individu dans son développement authentique à sa nature mère, à sa personne propre.

Lorsqu'une personne remet en question ces normes, et s'oppose à la société, elle sera ridiculisée et écartée tout comme le petit canard noir. Le solitaire est l'individu qui voit au-delà de ces normes, qui voit au-delà de l'illusion qui berne la foule, résiste à cette société qui transforme les gens en créature totalement prisonnières à sa volonté, où tout le monde s'enlise à devenir des machines de production, des travailleurs acharnés au profit de la société et au détriment de leur épanouissement personnel. Des personnages identiques et similaires dénués de toute pensée indépendante ou réflexion autonome. C'est le solitaire qui détient la véritable liberté de penser, alors que les masses en renoncer à cette liberté, le solitaire à préserver son individualité et son indépendance intellectuelle. Pourtant cette liberté n'est pas sans défis, elle a un risque à payer, l'individu solitaire sera inévitablement confronté à la fois au monde extérieur et à sa propre bête intérieur, les aspects de lui-même qu'ils préféraient ignorer surgiront des profondeurs de son *Âme* pour lever le voile sur l'amertume de la réalité, car la vérité à souvent un gout amer que la plupart préfèrent rejeter.

La solitude n'est pas pour tout le monde, elle est d'une richesse extrêmement bénéfique et enrichissante pour ceux qui peuvent la supporter. Celui qui ne sera trouver cette Présence dans sa solitude, vivra toujours dans le manque et la peur d'être seul.

∞

2/ La loi du non-jugement :

Seul Dieu a le droit de juger, seul lui connait réellement le fond des cœurs, le reflet des âmes et leurs vécus ! Le jugement est la fonction de catégoriser les choses et les personnes comme bon ou mauvaises selon vos propres interprétations, sentiments et croyances. Lorsque l'*Esprit* est occupé à analyser, classer et étiquettes ses semblables, il crée un environnement de turbulence intérieur et de fausses croyances, ce qui en déduit à des injustices envers autrui ou par la contribution de la diffusion de fausses informations sur les choses et personnes. Cette attitude nocive pour le bien-être de l'*Âme,* handicap considérablement l'expérience du *Soi* et empêche d'accéder au champ de pure potentialité.

Pratiquer le non jugement, nécessite une prise de décision consciente et de faire des efforts dans ce sens. Aujourd'hui je commencerais ma journée par cette résolution : *je ne jugerais rien de ce qui va arriver, tout au long de la journée je me souviendrais de ne pas juger.*

3/ La loi du don et de l'attraction :

Donner est la capacité humaine à exprimer sa bonté, donner est la faculté de décider à donner ce que vous voulez recevoir et d'enseigner à autrui le sens du partage et de l'entraide avec nos semblables. Si vous voulez de l'amour, partager de l'amour, vous voulez de l'argent partager de l'argent, vous voulez être le meilleure faite sentir à l'autre qu'il est unique et exceptionnel, vous voulez des biens matériels aider les autres à les acquérir, vous désirez des bienfaits de la vie apprenez à en faire bénéficier silencieusement chacun…l'univers n'est pas statique, il vous enverra la même énergie que vous lui envoyer, l'univers ne décide de rien, il fonctionne selon des lois bien définis, votre corps est constant, votre esprit est dynamique il échange avec l'énergie de l'univers, votre esprit interagit activement avec l'esprit du cosmos, votre énergie est une expression de l'énergie cosmique.

La loi est très simple donnez ce que vous voulez recevoir : si vous voulez de la joie offrez de la joie aux autres, si vous voulez de l'amour apprenez à donner de l'amour, si vous souhaitez être considéré apprenez à apprécier sincèrement les gens. Si vous espérez l'abondance soyez généreux et donner sans compter ainsi l'énergie cosmique répondra de la même intensité à vos appels.

Règle 1 : Le meilleur moyen d'appliquer cette loi est de prendre la décision qu'à chaque fois que vous rencontrerez quelqu'un vous lui offrirez quelque chose et d'accepter en retour tous ce que les autres et la nature vous offre.

Règle 2 : Apprécier les petits plaisirs de la vie un simple rayon de soleil, un sourire d'un inconnu ou un champ d'oiseau…être fier et heureux d'avoir ce souffle de vie qui circule en vous.

Règle 3 : Prendre consciemment l'engagement de circuler la richesse dans ma vie en donnant et recevant les biens les plus précieux de l'existence : l'attention, l'affection, le respect et l'amour. Chaque fois que vous rencontrerez quelqu'un vous lui souhaiteriez bonheur, joie et amour.

Chaque action revient vers vous, t'elle qu'elle a été mise en œuvre, nous récoltons ce que nous avons semé. Lorsque nous choisissons d'agir pour apporter le bonheur et le succès aux autres alors le fruit de la récolte sera le bonheur et le succès. Nos pensées, nos paroles et nos actes sont les cordes du fil que nous jetons autour de nous, toutes vos expériences et réactions devant la vie seront à l'image des idées qui ont présidé avant leur naissance. Si vous croyez que le monde est froid, cruel et dur et que la vie est œil pour œil, dent pour dent, cela est votre propre conception de la vie et vous êtes marié à cette idée et ce mariage fera de petits voir de grands problèmes. Contrôlez vos pensées, car elles deviennent des paroles ; Contrôlez vos paroles car elles deviennent des actions ; Contrôlez vos actions car elles deviennent un caractère ; Surveillez votre caractère car cela devient votre destin (cette chaine de transformation commence par vos pensées qui sont les graines de votre avenir).

Beaucoup d'entre nous sont devenus prisonniers de réflexes conditionnés, de réactions prévisibles, nous sommes victimes de conditionnement. Nos réactions sont provoquées automatiquement par les personnes et par les circonstances, nous oublions que ces réactions sont des choix, *pensez aux conséquences du choix, ensuite se demander : ce choix sera-il source de bonheur pour moi et pour ceux autour de moi ?* si la réponse est oui, continuez la bonne action au bon moment est la meilleure réponse à une situation donnée. L'action qui est spontanément juste est celle qui nourrit celui qui agit et tous ceux qui sont concernés par cet acte. L'univers nous aide à faire spontanément le bon choix, or ce mécanisme est en relation avec nos sensations physiques. Le corps connait deux types de sensations le confort et l'inconfort, lorsque vous effectuez un choix écouter votre corps demandez-lui, il sera vous répondre, s'il vous envoie un message d'inconfort votre choix n'est pas le bon. Seul le cœur connaît la bonne réponse. Le cœur est l'organe qui sait tout, connait tout est comprend tout, le cœur est le lien avec le champ de pure connaissance et pouvoir infini, il prend tout en compte. Plus vous élèverez vos choix au niveau de votre conscience plus juste et plus spontané seront vos décisions pour vous comme pour ceux qui vous entourent.

En prenant la résolution suivante mes décisions seront souvent source de confort et de joie : *à chaque fois que je prendrais une décision, je demanderais à mon cœur de me conseiller et de me guider par ces messages de confort et d'inconfort. Je me poserais deux questions : quelles sont les conséquences du choix, apportera-il joie et bonheur à moi-même et à tous ceux qui seront affecté ? Si la réponse m'apporte confort et bien-être je m'abandonnerais, si elle me rapporte une sensation d'inconfort je ferais une pause et remettrais en cause ma décision et mes actions.*

En devenant un décideur, vous mettez en œuvres des actions qui seront sources d'évolutions pour vous comme pour votre entourage. C'est tout ce que vous avez à faire !

4/ La Loi du moindre effort :

L'univers dans toute son infinité fonctionne en harmonie et sans effort, l'intelligence de la nature prend le chemin du moindre effort, elle fonctionne avec insouciance, harmonie et amour. Lorsque nous exploitons les forces de l'harmonie, de la joie et de l'amour, nous créons naturellement le succès et la bonne fortune. La nature de l'homme est de donner à ses rêves une manifestation et une forme matérielle, ceci naturellement et sans efforts. Ce principe est connu sous l'économie d'effort ou le principe de faire moins et d'accomplir plus. Il conduit au stade ultime, sans rien faire vous accomplissez tout. Ce qui est appelé comme un miracle est l'expression de la loi de moindre effort.

L'intelligence de la nature fonctionne sans difficulté, sans friction, lorsque vous êtes en harmonie avec la nature, lorsque vous vous fondez à la connaissance de votre vrai *Moi (Soi),* vous devenez capable d'utiliser la loi du moindre effort. La nature est construite par l'énergie de l'amour lorsque vos actions sont motivées par l'amour, elles empreintes naturellement le chemin du moindre effort.

En revanche, si vous cherchez le pouvoir et le contrôle sur autrui vous gâchez l'énergie. Lorsque vous désirez l'argent et l'abondance pour vous seul vous interférez avec l'expression de l'intelligence de la nature et vous empêcher le flux de l'énergie de venir vers vous. Mais lorsque vos actions sont motivées par l'amour votre énergie se multiple et s'accumule et ainsi ce surplus d'énergie dont vous bénéficieriez, vous allez pouvoir l'utiliser et le canaliser pour créer tout ce que vous souhaitez, ce qui inclut richesses illimitées.

Voyez votre corps physique comme un dispositif pour contrôler l'énergie, la produire, la stocker et la dépenser. Si vous savez comment produire, stocker et dépenser l'énergie d'une manière utile, alors vous pouvez créer n'importe quelle quantité de richesse, l'attention à *l'Ego* consomme une quantité, énorme d'énergie, lorsque votre point de référence interne est votre *Ego,* lorsque vous désirez le pouvoir et le contrôle sur autrui ou lorsque vous recherchez l'approbation des autres vous gâchez complètement l'énergie. Mais une fois libérée de l'emprise de l'ennemi, cette dernière peut être canalisée et utilisée pour crée tout ce que vous désirez si votre point de référence interne est votre esprit, si vous êtes immunisé contre les critiques et demeurez sans inquiétude face à n'importe quel défi, vous êtes en mesure de vous laisser emporter par le pouvoir de l'amour. Alors dans ce cas vous pouvez exploiter l'énergie de manière créatrice et faire l'expérience de l'abondance et de l'évolution.

∞

Règle 1 : L'acceptation, prendre la décision d'accepter tout ce que l'univers nous fait offrir ou subir est l'une des vertus des esprits reposés. Savoir que tout ce qui nous arrive dans la vie c'est uniquement pour notre intérêt ultime et la conviction de ceux qui ont compris réellement le sens de la vie, de l'existence. Commencez par prendre la décision d'accepter les personnes, les situations et les évènements tels qu'ils se présenteront : *je saurais que ce moment est comme il devrait être parce que l'univers entier est comme il devrait être.* Lorsque vous vous révoltez contre les circonstances, vous vous révoltez contre l'univers dans sa globalité et vous interférer avec Sa volonté. Lorsque vous acceptez cette réalité profonde vous vous libérez du fardeau de l'incontrôlable et prenez la responsabilité sur ce que vous pouvez contrôler. La prise de responsabilité de l'acceptation permet de trouver une réponse créative à la situation telle qu'elle est aujourd'hui, chaque difficulté contient les graines de l'opportunité.

Règle 2 : Laissez tomber le besoin de convaincre ou de persuader les autres de la justesse de votre point de vue. De cette manière votre attention abandonne ses défenses, si vous observez les gens autour de vous, vous verrez qu'ils passent 90% de leur temps à défendre leurs opinions, leurs choix et idées, cela nécessite une énorme énergie, une énergie que vous avez jusqu'à alors gâchis. Ces réactions adviennent de *l'Ego,* lorsque vous vous tenez sur la défensive, lorsque vous condamnez les autres et n'acceptez pas de vous abandonner au moment présent, votre vie rencontre de la résistance et s'opposera à vous. Lorsque vous rencontrez de la résistance prenez conscience de ceci, si vous forcez la situation, la résistance grandira. Tel un chêne rigide s'effondre et se brise face à la tempête, accepter les circonstances du mauvais temps jusqu'à ce que la tempête soit passée, élève les arbres et rend leurs racines bien ancrées dans le sol.

Soyez flexible renoncer complètement à défendre votre point de vue, en ayant rien à défendre vous empêcherais la naissance des conflits. Si vous persévérez ainsi, si vous cessez de vous battre et résister vous vivriez le présent dans unité et complétude. Ce qui est un don !

Retenez ceci : le passé est une histoire, le futur est un mystère le moment présent est un don. Si vous embrassez le présent et devenez un avec lui, si vous fondez en lui, vous connaissez l'exaltation de l'*Esprit*, la joie naît en vous et vous vous débarrassez de la terrible charge de l'encombrement que représente le besoin de se défendre, le ressentiment et la capacité à souffrir. Votre cœur s'illumine et se libère de tout souci, cette liberté joyeuse remplie votre cœur de la certitude de ce que vous désirez est possible, ceci parce que votre volonté aura atteint le niveau de la joie et quitte celui de l'anxiété et de la peur.

Lorsque vous vivez la merveilleuse combinaison de l'acceptation et de lâcher prise vous suivez le flux de la vie. Vous n'avez plus d'effort à faire si vous restez ouverts à tous les points de vue, sans être rigidement attaché à aucun, vos rêves et vos désirs s'écoulent dans le même fleuve que celui de la nature.

Soyez certains que lorsque ce moment arrivera vos rêves se réaliseront : *Je prendrais la décision de suivre les étapes suivantes j'accepterai les personnes, les circonstances et les événements comme ils se présentent. Ayant accepté les choses comme elles sont, j'assumerais la responsabilité de la situation en face de tous les événements de la vie je ne blâmerais personne y compris moi-même, je considérerais tout problème ou obstacle en réelle opportunité déguisée à saisir et à surmonter. Aujourd'hui mon attention restera établie dans la confiance, j'abandonnerais le besoin de défendre mon point de vue, je ne ressentirais plus celui de convaincre ou de persuader les autres. Je resterais ouvert à tous les points de vue et ne serais strictement attaché à aucun.*

5/ La Loi du détachement :

Dans le détachement se cache la sagesse de la libération, la libération du passé, du futur et du résultat, ainsi nous nous abandonnons à l'*Esprit* cosmétique créatif.

Comme deux oiseaux perchaient sur l'arbre de soi-même, comme deux amis intimes, le Moi et le Soi se répondant dans le même corps, le premier mange les fruits douces et amères de l'arbre de la vie le second l'observe dans le détachement. ***Mundaka Upanishad***

∞

Pour acquérir quoi que ce soit dans l'univers physique, il faut savoir s'en détacher, se détacher de l'attachement au résultat. La source de la santé et de l'abondance et de tout ce qui vient du monde physique est le vrai *Soi,* le détachement est synonyme d'une richesse de la conscience, l'arbre du détachement est celui de la liberté de créer. Vous ne pouvez obtenir la joie et les rires qu'à travers les détachements, sans le détachement nous sommes prisonniers de la vanité et du désespoir, nous poursuivons des buts vulgaires et nous voulons absolument être reconnu, nous vivons les aspects reconnaissables d'une existence médiocre. Une conscience riche conserve la possibilité de tout recevoir à chaque instant et sans efforts.

La plupart des gens sont constamment à la recherche de sécurité, hors l'attachement de l'argent est un signe d'insécurité. Vous pouvez vous dire quand j'aurais tant de millions, je serais en sécurité, indépendant et je pourrais enfin prendre ma retraite et faire tout ce que je rêvais de faire. Mais ceci n'arrivera jamais, JAMAIS ! ceux qui recherchent la sécurité y consacrent leur vie sans jamais là trouver, elle reste toujours illusoire et de courte durée par ce qu'elle ne peut pas venir de l'argent seul, l'argent n'est qu'un moyen, un outil. Quelle que soit l'importance de votre compte en banque l'attachement à l'argent crée de l'insécurité, certaines personnes les plus riches sur terre sont en réalité les plus vulnérables. Leur attachement à ce monde, leur obsession d'en acquérir davantage et cette peur omniprésente de tout perdre, ou la peur de mourir fait d'eux des personnes profondément vulnérables, car vivre pleinement et sans regret c'est être prêt à accueillir la mort physique à tout moment.

La solution de cette quête sans issu réside dans la sagesse de l'incertain, ceci signifie que la recherche du sûr du certain, vient de l'attachement au connu, le connu n'advient que de notre emprisonnement conditionné par notre passé, il ne génère aucune possibilité d'évolution, il génère que la stagnation. L'incertain au contraire est le seul fertile de la créativité pur et du libérer. N'ayez jamais une idée rigide de ce que vous ferais l'année ou la semaine prochaine, lorsque vous avez une idée carrée de ce qui va arriver, vous détruisez tout un choix de possibilités. Lorsque vous êtes attaché au résultat vos pensées restent prisonnières d'un réseau rigide de stagnation, elle ne peut atteindre la fluidité, la créativité et la spontanéité essentielle au développement de ce champ, vous geler votre désir en un objet inflexible qui interfère avec tout le processus de création.

En appliquant le détachement, vous aurez moins tendance à forcer les solutions ce qui vous permettra de rester éveillé aux opportunités et d'accélérer le processus d'évolution, quand vous comprenez ceci, vous n'êtes plus tenté de forcer les solutions, ce qui évite de créer de nouveaux problèmes.

Je mettrais en œuvre la loi du détachement en prenant les décisions suivantes : Je n'imposerais pas mes idées et mes opinions à quiconque, je ne chercherais pas à forcer une solution ou une proposition à mes problèmes ou ceux des autres, je me détacherais du résultat et je n'en provoquerais pas d'autres difficultés, je participerais à tout avec un engagement détaché. Je considère l'incertain comme un allié, les solutions surgiront spontanément du problème, du désordre et du chaos. Plus les choses me sembleront incertaines plus je me sentirais en sécurité ! Je m'engagerais dans le champ de toute possibilité et je resterais ouverts à une infinité de possibilités.

6/ La Loi du présent et des intentions :

Le seul moment où vous avez un réel pouvoir est le présent, ici et maintenant, c'est là où vous dirigez votre instant de vie, c'est dans le présent où vous forgez votre avenir. C'est en ce moment où vous sculptez vos idées par vos pensées, votre caractère par vos actions, votre avenir par vos décisions. Le passé est une leçon une source d'inspiration, le futur est incertain, le présent est une bénédiction.

Apprécier le présent par le biais de la gratitude et en prêtant attention aux sensations du moment, lorsque vous mangez savourer, lorsque vous marchez profiter, lorsque vous vous réveillez remercier, lorsque vous êtes en compagnie apprécier, apprécier chaque moment de bonheur de votre vie. Lorsque vous rencontrer une difficulté, accepter le défi ne l'éviter pas, acceptez le car c'est une opportunité d'évolution et de progrès, se préparer à toute éventualité plutôt que de rester concentrer sur la situation en elle-même (on ne contrôle pas la météo mais on peut contrôler notre façon de s'y préparer). Utiliser des techniques de méditation pour combattre les pensées et sentiments irrationnelles ou nuisibles, gardez à l'esprit que savoir distingue ce que vous pouvez changer et ce que vous ne pouvez pas, vous libérera d'une source d'inquiétude majeure et permettra de vivre d'une manière équilibrée, confiante et d'investir son énergie uniquement sur l'essentiel, votre énergie vitale est précieuse ne vous lancez pas dans des batailles inutiles. A force de courir pour atteindre un bonheur idéal, le risque de s'épuiser et de se dénigrer est plus probable que d'atteindre cet idéal.

Règle 1 : Pratiquez la pleine conscience qui vous ancre dans le moment, chaque jour prenez le temps de vous assoir tranquillement, fermez les yeux et respirer profondément, concentrez-vous sur votre souffle de vie, sur les sensations de votre corps, sur les bruits autour de vous, laissez les pensées venir et partir comme un nuage de ciel de printemps, ne les jugez pas ne les suivez pas, observez et lâchez prise…revenez toujours à votre inspiration, à cette ancrage dans l'instant présent, et lorsque votre *Esprit* vagabond dans le passé ou se projette dans le futur, ramener le doucement mais fermement à l'instant présent, c'est ici ou vous vivez, c'est ici où vous avez le contrôle, c'est ici où la sérénité se trouve, faite de cela un rituel à adopter dans votre quotidien. Car c'est dans le présent que vous rencontrez la paix, la joie, le véritable sens de vie.

J'établirai une nouvelle liste de tous mes désirs je la porterais sur moi ou que j'aie, je la relirais avant de rentrer dans le silence ou la médiation, je la relirais également tous les soirs avant d'aller me coucher et tous les matins après mon réveil.

Règle 2 : Cessez de courir après les ombres du passé et les incertitudes du futur, soyez ici, soyez maintenant, soyez pleinement vivant. Développer la capacité de l'indifférence face à ce que nous ne pouvons pas contrôler. Diriger l'*Esprit* vers la gratitude, abandonner l'exigence que tout se passe selon sa volonté, apprendre à accepter les situations telles qu'elles se déroulent.

Je confirais mes désirs à la matrice de la création, je saurais alors que si mes désirs ne se présentent pas comme je le souhaite c'est qu'il existe une raison pour cela, je saurais que les plans cosmétiques ont pour moi des projets bien plus importants que ce que j'ai imaginé.

Règle 3 : Concentrez-vous uniquement sur ce que vous pouvez contrôler, ce principe de se concentrer sur ce que nous pouvons changer ou influencer et accepter les choses que nous ne pouvons pas changer est la clé pour vivre une vie sereine.

Je n'oublierais pas de pratiquer la conscience du moment présent, j'accepterai ce présent comme il vient et j'appliquerais la manifestation de mon futur par mon intention et désirs les plus profonds.

Voilà votre mission, voilà votre pouvoir, saisissez-le et vous transformerez non seulement votre journée mais toute votre vie, car c'est dans le présent que vous rencontrez la paix, la joie et le véritable sens de la vie. Cultivez vos pensées vous récolterez des paroles, cultivez vos paroles, vous récolterez des actions, cultivez vos actions vous récolterez des habitudes, cultivez vos habitudes vous récolterez un caractère, cultivez un caractère vous récolterez un avenir. L'intention combinée au détachement conduit à une conscience centrée sur la vie et sur le moment présent, lorsque l'action est conduite dans l'esprit du moment présent, elle se révèle plus efficace.

7/ La Loi de l'existence :

Tout le monde a une mission dans la vie un don unique, un talent spécial à offrir au monde. Lorsque nous mettons ce talent particulier au service des autres, nous connaissons l'extase et l'exultation de notre propre *Esprit*.

Le champ de pure potentialité est la Divinité dans son essence, le Divin prend forme humaine dans un but bien précis, vous possédez un talent particulier et une façon particulière de l'exprimer. Il existe une chose que vous pouvez accomplir mieux qui que ce soit dans ce monde, chaque talent particulier répond à des besoins spécifiques, il surgit de cette étincelle génératrice de l'influence, exprimer son talent pour répondre à ses besoins crée une richesse et une abondance illimitée. Si vous élevez un enfant dans cette pensée vous vous rendrez compte des effets qu'il aura dans sa vie. Éduquez vos enfants, de la manière qu'il a une raison à leur vie, qu'ils devraient trouver cette raison et leur mission sur terre, tenez ce discours dès l'âge de 5 ans. À 5 ans l'enfant fini le stade de la construction de sa personnalité primaire, bascule au monde des adultes, un adulte nouveau-né, ni éduquer, ni cultiver. A cet âge l'individu commence à assumer la responsabilité de ses actions et paroles et commence à développer une prise de décision et sa propre logique, interprétations et jugements des choses et personnes, de distinguer (le vrai du faux et le bien du mal). L'âge avant les 5 à 7 premières années définissent la personnalité de l'individu à l'âge adulte, ce qui influencera significativement toute son existence ! L'éducation au cours de cette période joue un rôle décisif sur le développement psychologique, de la compréhension, de la confiance en soi, des émotions influentes tel que la peur, l'amour et la colère, ainsi que les croyances et convictions relatives aux tolérances et interdits que l'enfant commence à assumer dès cet âge. Les 5 première années devraient prendre une attention particulière chez les parents, une éducation basée sur l'amour, la joie, le partage, la confiance, le non jugement, l'empathie et la foi, construit les fondamentaux d'une personnalité complète bien ancrée dans le présent et totalement détachée des conformités exogènes que la société impose.

Éduquez vos enfants de cette façon : *qu'il a une raison à leur vie sur terre et qu'il devrait la trouver, tenez ce discours dès l'âge de 5 ans, au même âge, commencez par leur apprendre à méditer. Apprenez-leur qu'ils ne devraient jamais s'inquiéter pour leur futur, faites leurs savoir que vous n'êtes pas obsédé par l'idée de réussir à l'école ni par celle d'obtenir les meilleurs diplômes ou d'aller dans les meilleures universités. Ce qui devraient les obsédés est de chercher comment servir l'humanité et de découvrir leurs talents particuliers, de la manière unique de l'exprimer, car personne d'autre ne serait capable de le faire autant qu'eux. Et que si à l'âge adulte ils n'arrivent pas à subvenir à leurs besoins, faites leurs savoir qu'il a une intelligence infinie qui veille et veillera toujours à subvenir à leurs besoins et désirs.*

Règle 1 : Pratiquez la spiritualité, retrouver la divinité en vous, chaque individu sur terre doit retrouver son *Soi* et de découvrir par lui-même qu'il est un être spirituel ayant pris manifestation dans un corps physique. Nous ne sommes pas des êtres humains qui font une expérience spirituelle au contraire nous sommes des êtres spirituels qui vivent une expérience humaine. Notre raison d'être est de trouver son *Moi* supérieur son *Soi*, ceci est la première étape de la loi de l'existence, nous devons découvrir par nous-même la présence divine tout au fond de notre être...*A l'aide de la pratique spirituelle, je vais chercher mon Moi supérieur celui qui se trouve au-delà de mon Ego : Dorénavant je nourrirais avec amour l'Esprit qui vit au plus profond de mon Âme, je porterais mon intention à l'Esprit qui est à l'intérieur de moi, anime mon corps et ma pensée. Je m'éveillerais et m'élèverais à la profonde tranquillité de mon cœur. Je vivrais la pleine conscience de l'être éternel. Et ceci jusqu'au plus profond de l'expérience du Soi authentique à mon être.*

Règle 2 : Trouver son talon particulier qu'aucun être ne peut en donner la même expression, dans votre cheminement vers la divinité, vers votre *Soi,* au fur et à mesure de votre élévation, votre expression unique s'exprimera naturellement et sans effort, c'est à vous de saisir le sens et de le valoriser dans un domaine spécifique.

Je vais découvrir mon talent particulier, en me retrouvant je connaîtrais la liberté, car on ne peut atteindre le bonheur et la joie sans atteindre d'abord la liberté, et la liberté ne peut s'obtenir que par le savoir, la connaissance et la conscience intemporelle puis par la maitrise de ses pensées, paroles et actions. Je vais établir une liste de mes talents particuliers, j'y noterais tout ce que j'aime faire, ce qui expriment mes talents dont le but de les mettre en action au service de l'humanité.

Règle 3 : Mettre ce don en œuvre et servir l'humanité servir vos semblables. Répondre à ces questions vous aidera à définir le sens : *comment puis-je aider ? Comment puis-je être utile à tous ceux que je rencontre ?* Lorsque vous mettez votre don unique au service de l'humanité, vous utilisez pleinement la loi de l'existence, ceci couplé à l'expérience de votre spiritualité celle de la Divinité, vous ouvrez systématiquement à l'accès à une abondance illimitée, au fil du temps, l'expression de ce talon unique, vous éveil à l'intemporel ou le temps n'a plus d'espace, ou l'espace n'est qu'un objet, ou la limite n'est qu'une prison.

∞

Je vais me demander de quelle manière je peux servir au mieux l'humanité, je répondrais à cette question et je mettrais le résultat en pratique. J'utiliserais mon talent particulier pour répondre aux besoins de mes semblables. Je provoquerais la rencontre de ces besoins et de mon désir d'aider et de sévir autrui. Installez-vous au calme et établir une liste de réponse aux deux questions suivantes. **(1)** *si l'argent n'avait pas d'importance, si vous avez assez de temps et d'argent que vous pouvez imaginer - que feriez-vous ? Si vous choisissez de poursuivre votre action actuelle alors vous êtes dans la loi de l'existence !* **(2)** *Demandez-vous ensuite de quelle manière puis-je servir l'humanité ? Répondez à cette question et mettez-vous au travail ! la réponse à ces questions vous permettra d'aider vos semblables avec sérénité, amour et joie.*

Découvrez votre Divinité puis votre talent particulier, mettez celui-ci au service de l'humanité et vous pourrez générer toute la richesse que vous désirez. Cette loi est en fait celle de l'abondance, l'abondance n'est pas temporaire elle est permanente, c'est votre manière d'exprimer votre talent à vos semblables, d'une manière naturelle. La question : *que peut me rapporter ceci* ? est une question de l'ego, du *Moi* inférieur ! La question : *comment puis-je aider* ? est une question de l'*Esprit* ! L'*Esprit,* le *Soi* est le domaine de conscience qui vous offre l'expérience de votre universalité. Si la spiritualité est le meilleur moyen d'accéder à l'*Esprit*, le glissement de votre dialogue *que puis-je donner et comment puis-je aider vous offre toute son expression.*

« Je veux connaitre la volonté de Dieu tout le reste n'est que détail »
Albert Einstein

Avec une élégante précision et une intelligence sans faille, l'*Esprit* universel orchestre tout, au sein des milliards de galaxies, éloignées l'une à l'autre de milliards d'années-lumière, Son intelligence est suprême, totale et absolue, elle pénètre chaque fibre de l'existence, du plus petit au plus grand, de l'atome au cosmos, tout ce qui vit et existe est son expression. Cette même expression opère à travers les 7 lois spirituelles, ces lois sont des principes puissants qui vont vous permettre d'atteindre la maîtrise de vous-même, celle qui donnent un sens à la vie. Il existe un ordre naturel à l'application de ces lois au quotidien, cet ordre *peut vous aider dans votre orientation, la loi de pure potentialité s'expérimente par la foi, le silence, la médiation et la contemplation de la création, mais elle est activée par la loi du don, du détachement et du non jugement : Le principe de la loi du don est d'apprendre à offrir ce que vous souhaitez recevoir, vous activerez de cette manière la loi de pure potentialité, ce qui rendra votre vie plus facile, vous n'aurez plus autant d'efforts à déployer pour réaliser vos désirs, ceux qui vous conduira automatiquement à la loi du moindre effort, lorsque tout deviendra facile, naturel et que vos rêves commenceront à se réaliser, vous comprendrez instinctivement la loi d'intention et du désir. Voir vos désirs se réaliser spontanément, vous aidera beaucoup à mettre en pratique la loi du détachement, ce qui vous poussera à chercher le vrai but de votre vie, ce qui vous conduira à la loi de l'existence, en m'étant cette loi en action en exprimant vos talents particuliers et en répondant aux besoins de vos semblables, vous pouvez créer tout ce dont vous rêver et ceci quand vous le voudrez, vous n'aurez alors plus aucun souci et vous serez rempli de joie, votre vie sera l'expression de l'amour infinie.*

Nous sommes des voyageurs sur le fleuve du cosmos, la vie est éternelle mais l'expressions de la vie est momentanée et transitoire. Ce moment est précieux mais il est que passager, c'est une parenthèse dans l'éternité, si nous le partageons avec attention et amour, avec un cœur éveillé et lumineux nous créerons l'abondance et la joie. Alors ce moment aura été digne d'être vécu. Aucun succès, aucune somme d'argent n'apportera goût à la vie, le manque continuera de hanter vos esprits à jamais, seule la connaissance de *Soi* libérera *l'Âme* de sa prison, son enfermement. La culpabilité de ne pas se conformer aux normes sociales, la peur et l'inquiétude du manque de l'argent ou de la réalisation des attentes communautaires diminuent puis disparaîtront. Le bonheur n'est pas ailleurs, le bonheur est exactement là ou vous êtes, ou que vous alliez vous emporterez avec vous votre état d'esprit, le mouvement chaotique qui vous environne obscurcira l'ouverture au réservoir de créativité qui est le champ de pure potentialité.

Dans cette quête, la foi inconditionnelle, le silence, la connexion avec la divinité, le pardon et l'acceptation doivent indispensablement être vos alliés de parcours (de vie). Ces vertus feront de vous des êtres spirituels, la sensation de la connexion se fera ressentir au fur et à mesure de votre élévation, vous allez commencer à être témoin de la manifestation divine dans votre vie du quotidien, votre cœur vous guidera, le cœur ne ment jamais ! faites-lui confiance. Les défis seront nombreux, à couper le souffle, mais la victoire est certaine ! soyez confiant, patient dans le détachement et surtout pardonnez vos erreurs passées et de parcours, pardonner à soi et aux autres sera indispensablement vitale pour avancer et ne pas stagner, toute forme de rancune fera obstacle à votre progression. Le Pardon est l'une des clés vers l'individuation, l'une des armes, voir la plus redoutable pour la dissolution de l'ennemi, pour la dissolution de *l'Ego*, le mettre à mort. Cela signifie renoncer à la droiture ! pas facile à faire lorsqu'on perçoit chez autrui des traits qui nous exaspèrent comme l'hypocrisie, le mensonge, la trahison, l'avarice, l'égoïsme ou l'égocentrisme...

Mettre à mort *l'ego* signifie renoncer totalement à venger son moi inferieur, cela signifie renoncer aux injustices subies, c'est uniquement à ce stade d'élévation spirituelle que l'*Âme* cessera de résister, s'abandonnant complétement au *Soi* pour la recueillir dans Sa plus vaste amplitude ou nous sommes alors entiers, aligné avec notre totalité, connecté et relativement proche de la Totalité absolue. C'est en vivant dans le monde dans un état d'hyper conscience, que l'être humain atteint ensuite l'illumination et la réalisation pour vivre l'ascension. Le temps ne sera qu'un élément précieux à optimiser soigneusement, car l'essence de la vie sera d'une autre dimension.

Si vous avez lu jusqu'à cette fin, c'est qu'il y a vraiment une ou plusieurs raisons, c'est que vous êtes d'une façon ou d'une autre concernée et que vous avez la capacité à comprendre le sens, cela se traduit que votre être est en train de vivre l'ascension ou sur le point de le faire, en toute circonstance votre existence a un sens c'est à vous d'en tirer l'essence.

Vous n'êtes pas seul ; vous êtes spécial !

Table des matières

Kolibri 360 GmbH
Ferdinand-Jühlke-Straße 7
99095 Erfurt, Deutschland
produktsicherheit@kolibri360.de

Druck:
CPI Druckdienstleistungen GmbH
im Auftrag der
Kolibri 360 GmbH
Ferdinand-Jühlke-Str. 7
99095 Erfurt